Kay Hoff

Gesammelte Werke in Einzelausgaben

Herausgegeben von Jürgen H. Petersen

Band 4

Kay Hoff

Wir reisen nach Jerusalem

Kay Hoff

Wir reisen nach Jerusalem

Roman

Mit einem Nachwort des Herausgebers

Gesammelte Werke in Einzelausgaben

Band 4

Carl Böschen Verlag

Hoff, Kay:
Werke: In zehn Bänden. Hrsg. von Jürgen H. Petersen.
Band 4: Wir reisen nach Jerusalem : Roman / Kay Hoff.
Mit einem Nachwort von Jürgen H. Petersen
1. Aufl. - Siegen : Böschen Verl., 2003
ISBN 3-932212-47-9

ISBN 3-932212-47-9

© Carl Böschen Verlag
Birlenbacher Str. 199, 57078 Siegen
Tel. : 0271 / 8909485
Fax.: 60271 / 8909486
Internet: http://www.carl-boeschen-verlag.de
Textverarbeitung: Rüdiger Göddemeyer, Sankt Augustin
Gesamtherstellung: Books on Demand GmbH, Norderstedt

Inhalt

I.

Ein Spiel aus alten Zeiten für groß und klein, das immer nur einer gewinnen kann: Wer geschickt ist und im entscheidenden Augenblick nicht gar zu viel Rücksicht auf seinen Nachbarn nimmt, wer dazu noch ein wenig vom Glück begünstigt wird, der kann am Ende stolz auf dem Stuhl des Siegers sitzen.

Für unsere Reise nach Jerusalem stellen wir eine Reihe von Stühlen derart im Zimmer auf, daß immer abwechselnd ein Stuhl mit dem Sitz nach vorn, der nächste mit dem Sitz zur anderen Seite zeigt. Dabei wird die Anzahl der Stühle durch die Zahl der Mitspielenden bestimmt: Es ist jeweils ein Stuhl zuwenig vorhanden, so daß immer ein Spieler stehenbleiben – und damit ausscheiden – muß, wenn das Signal zum Hinsetzen gegeben wird. Zunächst marschiert die ganze Gesellschaft in bunter Reihe, ein Liedchen singend oder auch pfeifend, im Gänsemarsch durch das Zimmer, und zwar immer rundherum um die verzahnte Stuhlreihe. Sobald nun der Spielleiter – er mag selbst mit im Spiel sein oder auch nicht – ein vorher vereinbartes Zeichen gibt, indem er etwa mit einem Stock auf den Boden stampft, in die Hände klatscht oder einfach das Lied unterbricht, müssen alle sich einen Platz auf den Stühlen suchen. Einer bleibt übrig, der aus dem Spiel ausscheidet und zugleich einen Stuhl vom Ende der Reihe entfernt, so daß nun wieder ein Platz zu wenig vorhanden ist. Auf diese Weise wird die Reihe der Stühle immer kürzer, und auch die Zahl der Mitspielenden schrumpft in gleichem Maße, wobei das lustige Gedränge um die verbleibenden Stühle natürlich immer heftiger wird. Zuletzt marschieren nur noch zwei Spieler um den allerletzten Stuhl herum; einer gewinnt schließlich das Spiel und gelangt so, nach allen Fährnissen und Zufällen, nach Jerusalem.

Nein, ich habe keine Zeit!

Er wußte: Das schlug ihn, im Fenster, immer wieder, dieses verlorene Gelb. Das kam, blaßgrün zuerst, beinahe noch Sommer, unaufhaltsam von den Rändern her: kam bläßlich, bräunlich, welk in das Fenster, sein Fenster, und schließlich, unübersehbar, die letzten gelben Flecken, einzeln, in den Novemberästen. Wieder vorbei. Das schlug ihn jedes Jahr, in seinem Fenster, nachmittags, wenn die Schalter geschlossen waren: vorbei. Jetzt wird schon geheizt, gegen halb 5 Uhr beginnt es zu dämmern, Frau Baumann kommt im ärmellosen Pullover; guten Morgen, Herr Lingner, Mahlzeit, Herr Lingner, trübe heute, Herr Lingner, auf Wiedersehen – Nieselregen, polare Kaltluft, abends der eifrige Mann mit dem Zeigestock vor der trostlos bekannten Wetterkarte, ein Tief über Irland, ein Sturmtief von Westen, einzelne Schauer, nach Durchzug eines Regengebietes, zu kühl für die Jahreszeit, Lackschutz, Chromschutz, Winterreifen, und wenn die Bundesbank den Diskontsatz senkt, und damit dürfte zu rechnen sein, dann wäre es zweifellos besser, die Rentenwerte zunächst noch zu halten, mindestens bis zum Jahresende, dann werden erfahrungsgemäß die Kurse nach oben gepflegt, und 75 werden wir sehen.

Ich bitte mich nicht zu stören, Frau Baumann – bitte!

Darüber kann man reden, höchstens plus minus zwei Prozent bis zum Jahresende, kein Risiko – wenn Sie meinen, Herr Lingner? Aber das letzte Laub vor dem Fenster, Panzerglas im kühlen Metallrahmen, beinahe keine Geräusche von draußen: Das schlug ihn jedes Jahr, seitdem er allein war, allein geblieben oder allein gelassen, wann war das, war das gewesen: Auseinandersetzungen, Trennungen, Tod. Wahrscheinlich hatte alles viel früher begonnen, damals zu Hause: Da waren die Tage gelbgoldorange, dann war der Himmel leergefegt, über Nacht, der Wind hatte die Zweige geplündert, nur diese einzelnen Blätter von dünnem Gelb noch im Fenster, mein Fenster, mein Haus, kein Haus mehr, und hinter den nackten Bäumen die bucklig verschobenen Dächer der Altstadt. Trübe. Wieder vorbei.

Danke, nein – danke, es geht mir gut!

Und immer wieder das nasse Braungrau, der farblose Restherbst, lange Dämmerungen morgens und abends, ein Dezember zuletzt, der keinen richtigen Winter mehr bringt, nur diese kümmerlichen Vormittage mit Schneematsch, lichtlos, mühsame Wochen, die schmutzigen Spuren auf den Wegen im Park, die Schmerzen, und abends das Dröhnen der Fernseher, kein eigenes Haus. Ach was, ich brauche die Farbe nicht, nein! Ich mag das Rot nicht, das Blut, die Narben, das rohe Fleisch. Ich könnte mir das ja leisten, meinetwegen mit Ultraschallfernbedienung. Aber ich will nicht, verstehst du, ich will einfach nicht. Ich habe genug mit Schwarzweiß, was willst du, ich bin eben konservativ, sonst wäre ich schließlich nicht bei der Bank, das sagst du doch selbst, und mal ganz abgesehen von den Kosten, gerade bei Reparaturen, das weiß doch jeder. Ich habe Farben genug, aber ja, sogar vor meinem Fenster, zu viele Farben manchmal, wie das blüht und welkt im Stadtpark und langsam zu Ende geht, und ich träume sogar schwarzweiß!

Nein, bitte nicht, heute nicht! Ich habe zu tun.

Erst diese vereinzelten Flecken, wie eine Krankheit, die niemand kennt, oder das längst noch nicht erwartete Altern. Plötzlich zu wissen: Ich kann nicht mehr so, mag nicht mehr so. Vielleicht nur ein angerissener Zweig, angetrocknet, helle Blätter ins Grün gesprenkelt, Sonnenflecken im Sommerlaub, wie damals zu Hause. Aber es hat schon lange begonnen, dann. Ich mache mir gar nichts vor. Paul Lingner, 41. Und Lo wird 28 im nächsten Jahr. Gerlinde 46, natürlich hysterisch, und der Junge 18, fast schon erwachsen, volljährig ab 1. Januar, auch so ein Unsinn, aber meinetwegen, sie tun ja doch, was sie wollen, ich darf nur zahlen. In seinem Alter habe ich, haben wir damals auch, obwohl natürlich, du sollst deine Eltern lieben und ehren, und nicht so, bestimmt nicht, das gab es nicht, damals. Ja. Onkel war gegen die Heirat.

Danke, ich schließe selbst ab. Bis Morgen!

Natürlich habe ich immer noch Zeit, 41 ist schließlich kein Alter, das bißchen Haarausfall, erhöhter Blutdruck, Potenz. Ich habe noch alle Optionen, mit 41, und ich lasse mich nicht mehr schlagen. Am besten nichts sagen, nichts merken lassen, nichts weitersagen, so tun als ob: Herbst, ja, wissen Sie, eigentlich ist das meine beste Zeit, dieser blanke Himmel, nicht wahr, das goldene Laub.

Auch Lo weiß es nicht. Ich habe es niemandem gesagt, niemals. Sie darf es nicht wissen. Das ist so. Sie ist noch zu jung, zu –. Das sieht man erst später, dieses einsame Gelb.

Pyramiden, Tempel, Minaretts.

TSS »ATLAS«.

Nahost-Kreuzfahrten mit Flug nach und ab Athen.

Route: Piräus – Heraklion – Alexandria – Beirut – Famagusta – Haifa – Antalya – Rhodos – Piräus.

Das völlig renovierte und außergewöhnlich elegante Schiff bietet höchsten Standard an Sicherheit und Komfort.

Kategorie E: Ein Unterbett (Innen-Kabine) mit einem versenkbaren Oberbett, Privatdusche und WC.

1590. Hafentaxe je Person 40.

Wir glauben, mit diesem schnittigen 16 000-Tonner für unsere Frühlings-Nahostreisen einen besonders guten Griff getan zu haben.

Aber es war keine Reiseleitung an Bord, jedenfalls keine deutsche, keine für unsere Gruppe! Natürlich, das lohnte sich nicht bei den paar Leuten, das zahlte sich sicher nicht aus. Aber was schreibt dann der Rechtsanwalt – gleich zwei Rechtsanwälte haben sie eingespannt, wenn jemand mal meckert und läßt sich nicht alles gefallen? Hier, lesen Sie selbst: »Die Ausschreibung unserer Mandantin in ihrem Kreuzfahrtenprospekt Herbst-Winter-Frühling 73/74 enthält keine vertragliche Zusage, daß sich an Bord der TSS ATLAS eine ›deutsche Reiseleitung‹ befindet.« Hatte ich auch gar nicht behauptet! »Unsere Mandantin bietet lediglich an, daß sich auf der TSS ATLAS eine deutschsprachige Reiseleitung an Bord befindet. Dies war unbestritten der Fall.« Da gab es nämlich eine holländische Reisegruppe, mit der wir nichts zu tun hatten, überhaupt nichts, und die holländische Reiseleiterin sprach auch etwas deutsch wie die meisten Holländer. Aber in dem Prospekt stand, bitte sehr, fett gedruckt, also besonders hervorgehoben: »Deutschsprachige Reiseleitung an Bord.« Das ist doch bewußte Irreführung – oder? Soll man sich das gefallen lassen?

Natürlich – natürlich habe ich mich beschwert! Und was schreibt mir die Gesellschaft – wahrscheinlich ein Portokassenjüngling, der am Anfang seiner Lehrzeit üben muß, wie man Beschwerden abwimmelt: »Wir bedauern außerordentlich« – hier fehlt auch noch das Komma, das hat er in der Schule noch nicht gehabt – »daß es nicht möglich war, eine deutschsprachige Reiseleiterin zu Ihrem Termin für die Reise zu verpflichten, was jedoch für Sie als erfahrenen Kreuzfahrer nicht ein so erheblicher Mangel sein konnte, wie in Ihrem Schreiben zum Ausdruck kommt.« Der muß das ja wissen – zwei haben sogar unterschrieben! Und dann natürlich der Hinweis auf die Allgemeinen Reisebedingungen in bestem Verwaltungsdeutsch – hier: » In der Anlage eine Fotokopie unserer Allgemeinen Reisebedingungen, welche Sie doch sicherlich vor der Reise genauestens studiert haben, wie es ja selbstverständlicherweise alle unsere Gäste tun.«

Ich frage Sie: Haben Sie jemals Allgemeine Reisebedingungen studiert – genauestens studiert?! Und außerdem hat der Mann, der den Brief diktiert hat, selbst nicht das Kleingedruckte gelesen – da steht nämlich unter 3d: »An Bord und während der Ausflüge stehen qualifizierte und sprachkundige Reiseleiter zu Ihren Diensten.« Aber die standen eben nicht. Sagen Sie selbst: Muß man sich so etwas bieten lassen?

Das Sonntagskonzert. So. 17. Nov.

ARD-Ratgeber: Geld.

Was die schon wissen reden quasseln reden.

heute / Chronik der Woche.

Alles wieder gewesen, vorbei. Nicht daran denken.

Das Sonntagskonzert – sollte man, könnte ich eigentlich. Aber *Aus italienischen und französischen Opern*, was soll das, und dann kommt Lo.

Fragen zur Zeit.

Im Reich der wilden Tiere.

heute. So. 17. Nov.

Und gestern schon wieder gestern war heute eben vergangen, Wetteraussichten, ein Tief über Irland, im Reich der wilden Tiere, in unserem Reich der wilden –, wieder vorbei.

Der Internationale Frühschoppen.

Onkels Frühschoppen, immer am Sonntagmittag, Fragen und

keine Antwort und jede Antwort, der Wochenaufwasch, man muß nur hinhören, mitdenken, muß nur fragen, mein Junge, Antworten Fragen, in diesem Sinne, wollen wir hoffen, Prosit, und dann kommt Lo.

Wochenspiegel.

Magazin der Woche.

Also bis Lo kommt: *heute / Chronik der Woche.*

ÄGYPTEN BEMÜHT SICH WEITERHIN, AUF DIPLOMATISCHEM WEGE DIE GESPANNTE LAGE IM NAHEN OSTEN.

Die Landkarte, Israel, flimmernd, immer wieder, die schmale Spur des letzten Krieges, wieder vorbei, ein grauer Streifen am Suezkanal, Jerusalem, Haifa, damals. PRÄSIDENT SADAT. Da sind wir gewesen, Haifa, Jerusalem, Bethlehem. TEILMOBILMACHUNG AN DER GOLANFRONT. NUR EINE VORSICHTSMASSNAHME. NACH AMTLICHEN ANGABEN AUS MOSKAU. WIE ES HEISST. Wie es heißt: Man weiß zuwenig, man weiß nichts. Wie heißt das: Nur eine Vorsichtsmaßnahme. KISSINGER. FORD. Wie es heißt. DIE WETTERAUSSICHTEN: WECHSELND BEWÖLKT. ÖRTLICH AUCH AUFGEHEITERT.

BEGLEITET VON STRENGEN SICHERHEITSVORKEHRUNGEN, BEGANN IN NEW YORK DIE PALÄSTINA-DEBATTE DER VEREINTEN NATIONEN. Strenge, das sage ich immer, das ist es, was bei uns fehlt. ZWEI SCHÜSSE. GETÖTET. BAADER-MEINHOF-BANDE. Natürlich, Terror, wieder. MIT TIEFER BESORGNIS. Wenn es zu spät ist. BRUTAL. Sie schlagen, das sage ich immer, jawohl, sie schlagen schlagen, sie schlagen mich. DIE VOLLE SCHÄRFE DES GESETZES. Wenn es zu spät ist. GEMEINER MEUCHELMORD. VERTEIDIGUNG DES RECHTSSTAATES. Habe ich immer gesagt.

Er drückte die Taste Aus: aus. Die volle Schärfe des Gesetzes. Das Beil, endlich, jawohl. Die Bande. Auge um Auge. Jawohl. Ich lasse mich nicht mehr schlagen. Mord ist Mord ist Mord. Er blätterte die Programmzeitschrift um: *FRAU BARBARA. Seit der Hochzeit denke ich an Scheidung.*

Lo wird gleich kommen.

Frau Margit E. aus Salzgitter: Wir haben vor zwei Jahren geheiratet, weil unser Sohn unterwegs war. Seitdem leben wir wie Oma und Opa. Zärtlichkeiten gibt es höchstens einmal im Monat. Wenn ich daran denke, daß mein ganzes Leben so trist verlaufen wird, könnte ich heulen. Eigentlich denke ich seit der Hochzeit an Trennung, weiß nur nicht, wie ich –.

Gerlinde hat es vorher gewußt, sie wollte das Kind und deshalb wollte sie mich, nur deshalb. Ich habe gar nicht an Heirat gedacht, vorher, aber sie wollte das Kind, den Jungen, Clemens, ich brauchte nur zu bezahlen, nachher, Clemens, er ist auf Gerlinde geschlagen, kein Wunder bei der Erziehung, da fehlte die strenge Hand, das sage ich immer, der Mensch, der nicht geschlagen wird, und lange Haare, natürlich, nicht mal zu einer abgeschlossenen Lehre hat es gereicht, Vertreter von Haus zu Haus, ein mieser Klinkenputzer, obwohl er nicht dumm ist, und jedes Jahr trampt er nach Indien, kein Ehrgeiz und keine Ordnung und lange Haare, so einer von Tür zu Tür, man muß sich ja schämen, statt daß er –.

Zweimal kurz, einmal lang: Lo. Das ist Lo. Angetippt erst, zweimal kurz, und dann ist sie da, lang, so sind sie alle zuletzt: lang, lang, wenn sie mein Zeichen erst wissen, Lore, Lo, wenn sie mich wissen, dann ist es zu spät.

Wenn ich nicht für mich bin, wer ist für mich? Wenn ich nur für mich bin, was bin ich?

Nein, sagte er, nein, im Gegenteil, Hermann, komm rein! Ich dachte nur, es wäre Lore. Sie wollte gegen Mittag –.

Aber nein, bestimmt nicht! Nett, daß du mal vorbeikommst, wirklich. Wie geht's denn?

Ich? Wieso? Ich war nicht krank, sagte er. Seh' ich so aus?

Na ja, jeder hat schließlich mal einen schlechten Tag, sagte er. Aber im Grunde ist der Herbst meine Zeit, wirklich, ich fühle mich ausgezeichnet, sonst könnte ich meine Arbeit auch gar nicht schaffen. Lo meinte neulich schon –.

Ach was, Frauen!, sagte er. Geschwätz! Weibergeschwätz. Was

die so reden, das weißt du doch selbst, und du kennst doch deine Schwester, Hermann, wahrscheinlich besser als ich, wirklich, und Lore – also du weißt, ich mag sie, sie ist schon ein feiner Kerl. Aber Frauen bilden sich manchmal was ein und hören nicht richtig zu, wenn man was sagt, das erlebe ich dreimal täglich in der Bank, ich könnte dir Sachen erzählen, und ich soll dann schuld sein – na ja. Aber ich bin eben auch ein paar Jährchen älter als Lo, und irgendwie seit unserer letzten Reise, ich war doch krank auf dem Schiff, in Haifa, mein Magen, zwei Tage ging es mir ziemlich beschissen, und seitdem – also ich weiß nicht, was Lo hat, sie ist manchmal ein bißchen komisch und glaubt mir nicht, was ich sage. Daß es mir gut geht. Daß mir nichts fehlt. Hast du übrigens die Nachrichten gehört?

Nein, nichts Besonderes, ich meine ja nur, sagte er. Eben kam wieder die Karte vom östlichen Mittelmeer, da waren wir doch im März, und wenn man da einmal war, verstehst du, sie machen schon wieder mobil, irgendwie regt mich das auf.

Ach nein, eigentlich nicht, sagte er, im Gegenteil: Ich wollte ja gar nicht nach Israel. Aber Lo hatte es sich dann in den Kopf gesetzt, du kennst sie ja, wenn sie was will, und deine Mutter hat diese Schulfreundin bei Haifa, die Lo besuchen sollte, und man weiß ja auch wirklich nicht, wie lange man noch nach Israel reisen kann, nicht wahr , irgendwie sieht die Geschichte schon trübe aus, und plötzlich ist es dann aus. Hab' ich dir übrigens mal die Dias gezeigt?

Bitte, das ist keine Mühe, das haben wir schnell. Sind schöne Bilder dabei, wenn die Reise auch ziemlich mies war, alles in allem, und ausgerechnet in Haifa hat es mich dann erwischt.

Nein, sagte er, ich habe nichts gegen die Juden – ich würde beinahe sagen: im Gegenteil. Aber das ist eine lange Geschichte. Von mir aus wäre ich jedenfalls nicht dahin gefahren. Mein Vater – interessiert dich denn das?

Also meinetwegen. Mein Vater war nämlich damals – na, ungefähr, was man später einen Mitläufer nannte, nach dem Krieg. Eigentlich war er gar nichts, verstehst du: Er las seine Zeitung und glaubte im großen ganzen, was in der Zeitung stand, und er tat eben das, was man damals zu tun hatte, nicht viel mehr, glaube ich, aber auch nicht weniger. Im Grunde war er nichts bei den

Nazis, irgendeine Nummer weit hinter dem Komma, aber dann doch gerade so viel, daß er nach 45 nichts mehr werden konnte in Deutschland, zuerst jedenfalls. Im ersten Weltkrieg war er nicht mehr gewesen, Jahrgang 08, aber er hatte die Zeit noch erlebt, hatte sich großgehungert in den Kriegsjahren mit Rüben und Kohl, und als er dann irgend etwas werden, irgendwas lernen wollte, da gab es keine Lehrstellen: die Inflation, die Weltwirtschaftskrise, wie das damals so war. Da hat er dann dies und das gemacht in Büros und Verwaltungen, war alles nichts, und jedesmal stand er dann wieder auf der Straße, inzwischen kam ich, meine Eltern mußten heiraten, Ende 32, und dann, was sollte er machen, also er machte mit wie die anderen auch und wurde ein bißchen was mit Braungold und Lametta, verwaltete irgendwelche Lagerküchen – nein, ganz normale Küchen in ganz normalen Arbeitsdienstlagern, nicht, was du denkst –, und nebenberuflich zog er am Sonntagvormittag von Ortsgruppe zu Ortsgruppe durch Niederschlesien, Parteiredner Lingner, und sprach über was weiß ich, über den begnadeten Führer oder den Volkstumskampf in Oberschlesien oder das fachgerechte Zubereiten von nahrhaften Eintopfsuppen, ich weiß es nicht, war nie dabei, ich war bloß stolz auf meinen Vater in seiner braungoldenen Uniform, und er war wohl auch selbst mit sich und seinem Leben soweit zufrieden.

Na ja, sagte er, ich erzähle ja gerade, warum beziehungsweise warum nicht. Kannst du den Vorhang mal zuziehen? Gleich bin ich soweit. Ich will die Dias nur in der richtigen Reihenfolge –. Ja, sagte er, natürlich! Natürlich war ich ein Nazi, von heute aus gesehen, obwohl – ich bin 1933 geboren, verstehst du, ich war ein Kind, ich kannte und wußte nichts anderes, und ich kam auch gar nicht auf den Gedanken, daß es für mich oder irgendeinen anständigen Deutschen etwas anderes geben könnte als das, was eben so war wie es war – und das war natürlich gut und groß und großartig, über alles in der Welt, wörtlich, das glaubten wir, und es gab ja auch wirklich keine andere Möglichkeit damals. Mit 10, mit 11 Jahren, was weißt du denn schon? Und gerade in dem Alter, das wird wohl 1944 gewesen sein, also war ich elf, und mein Vater war inzwischen doch noch Soldat geworden und schickte fette Pakete aus Dänemark, da gab es damals noch Butter und Käse und alles.

Nein, sagte er, aber das war damals sehr wichtig, das kennt ihr eben nicht mehr – wie alt bist du? 31? Na also, was kannst du schon wissen! Jedenfalls war mein Vater nicht zu Hause, als ich die Bücher in seinem Bücherschrank fand, so ein alter, dicker Bücherschrank mit geschliffenen Glastüren, dunkle Eiche, geschnitzte Säulen, da standen die Bücher im obersten Fach links, in der hinteren Reihe, verdeckt von irgendwas Klassischem, was sonst das ganze Jahr nicht bewegt wurde, Arnim, glaube ich, oder Brentano: zwei Dutzend Bücher, die alle einem Herrn Rosen gehörten, der Name stand in spitzer Sütterlinschrift immer auf der ersten Seite: Leo Rosen, dem hatten diese Bücher gehört, die von nichts anderem handelten als von Juden und Judentum und jüdischem Leben, Bildbände auch mit braunen Kupfertiefdruck-Fotos von Palästina, die Ruinen von Jericho und die Salomonischen Gärten, dazu Reisebeschreibungen, sogar Gedichte, und außerdem stand da ein großer, goldbedruckter Band, den schlug ich auf, und ich weiß noch, wie ich erschrak: Auf der linken Seite ein schwarzer Jude mit Bart und Käppchen und Judenstern, gar kein Zweifel, ein Jude wie aus dem »Stürmer«, und auf der rechten Seite, bunt ausgemalt, der Titel: DER BABYLONISCHE TALMUD.

Also irgendwie sind die Dias durcheinandergekommen, sagte er. Vielleicht war Lo mal wieder dabei und hat was gesucht – also. Na, fangen wir einfach mal an, wie's kommt, das ist Bethlehem, mit Weitwinkel geschossen, mittags. Ich habe den Curtagon, 35 Millimeter, ein ausgezeichnetes Objektiv, siehst du: keine fallende Linie. Aber ich hatte auch Glück dabei, der Vorplatz zur Kirche war beinahe leer, unsere Reisegesellschaft stieg gerade erst aus, nur die Wache da neben dem Eingang, links die beiden, mit den Maschinenpistolen! Na ja, die stehen da auch nicht zum Spaß, sind schon tüchtige Jungs. Aber ein herrlicher Himmel, nicht? Das ist eben dieser Himmel in Palästina, weißt du, da lernt man erstmal, was Himmel eigentlich ist.

Nein, Agfacolor natürlich, sagte er. Solche Farben bringen die Amis nie. Jedenfalls war der Himmel blitzblank und blau, du siehst es ja, genau dieses Blau. In so einem Himmel kann man sich schon jemanden vorstellen, der herabsieht – verstehst du? So ein Blau.

Na ja, Bethlehem liegt auch 900 Meter hoch, das wissen die wenigsten, und die Satelliten liefern heute ja auch schon Fotos, auf denen man alles erkennen kann, buchstäblich alles, sogar die Fahrgestellnummern der Panzer.

Tatsächlich, sagte er, das ist doch bekannt. Natürlich mit deutschen Objektiven. Das hier ist von der anderen Seite aus gesehen, wieder die Geburtskirche, mit Normalbrennweite, und ganz rechts, in der roten Bluse, steht Lo.

Bitte, wenn du das wissen willst, sagte er. Es war gar nicht so, daß mein Vater die Bücher als Anschauungsmaterial gekauft oder gesammelt hatte, das dachte ich damals natürlich zuerst, denn er war ja Politischer Leiter und Parteiredner, und Unterscharführer war er inzwischen auch schon geworden bei der Waffen-SS. Nein, die Bücher gehörten wirklich einem Leo Rosen, der früher in unserer Stadt gelebt hatte, Rechtsanwalt Dr. Rosen, mein Vater hatte mal aushilfsweise in seinem Büro gearbeitet, vor 33 natürlich, und er sollte die Bücher wohl aufbewahren – ich weiß nicht mehr genau, wie das war, die ganzen Zusammenhänge, ich habe meinen Vater später nur noch einmal gesehen, bevor er auswanderte, na ja, und bei Kriegsende sind die Bücher eben verschwunden, verbrannt, geplündert, was weiß ich, wir haben ja alles verloren, Haus und Garten und alles.

Jedenfalls gab es damals Ärger mit meiner Mutter, die zuerst von der ganzen Geschichte nichts wissen wollte und dann die Bücher wegschloß, sie hatte Angst, und ich sollte um Gottes willen niemandem etwas davon erzählen, kein Wort, und überhaupt: Kein Wort von den Rosens, die kannte niemand mehr in unserer Stadt, die waren schon lange fort, Juden – verstehst du? Natürlich habe ich nichts gesagt. Aber den Schlüssel zum Schrank, den fand ich bald, und dann habe ich ziemlich alles gelesen, jüdische Bräuche, jüdische Feste, den Almanach des Schokken Verlages auf das Jahr 5696 – die Zahl habe ich behalten bis heute: 5696 –, die Junge Harfe und die Reiseberichte, vor allem aber den Talmud, lauter seltsame Sprüche und Regeln und Weisheiten, einige kenne ich noch: Traue dir selbst nicht bis zum Tage deines Todes – nicht schlecht, nicht? Oder: Gegen deinen Willen wurdest du erschaffen, gegen deinen Willen lebst du, gegen deinen Willen wirst du sterben – das ging noch weiter. Solche

Sprüche. Damals las ich überhaupt eine ganze Menge und eigentlich alles Gedruckte, und natürlich las ich die jüdischen Bücher besonders genau, weil sie verboten waren.

Das ist der Eingang, sagte er, da das Loch in der Mauer, neben den Wachen. Der ist sehr niedrig, höchstens 1,20, man muß sich ziemlich bücken, wenn man hinein will in die Geburtskirche. Überall muß man sich bücken an den heiligen Stätten, das vergißt man so leicht nicht wieder, das ist eben Orient.

Nein, sagte er, natürlich habe ich damals nicht viel verstanden davon. Das war für mich eine vollkommen fremde Welt, verstehst du, diese verschlungen erzählten Geschichten, diese verschlüsselten Worte: Wer ist weise? Der sich belehren läßt von jedermann. Wer wird verehrt? Der die Menschen ehrt. So etwa. Ich lebte mit anderen Sprüchen: Ein großes Volk kann nur heroisch denken, und ich war elf Jahre alt. Und dann mußt du wissen, daß Talmud damals für uns so etwas wie ein Schimpfwort war, oder besser: ein Wort für das Böse. So ähnlich wie Marx – stell dir vor: Bei der Ahnenforschung fand ich damals im Kirchenbuch einen Ururgroßvater, der mit Vornamen Marx hieß, Marx Lingner – bitte: mit Vornamen! Du kannst dir nicht vorstellen, wie ich erschrak: Zehn Jahre war ich alt und sammelte eifrig die Urkunden und Stempel zum Nachweis der niemals bezweifelten Tatsache, daß ich rein arischer Herkunft war – und plötzlich erfuhr ich, urkundlich verbrieft, daß das Böse, das Gift, das Unheil in meiner eigenen Familie, in mir selbst war. Marx Lingner! Ich wußte mir nicht anders zu helfen und riß die ganze Seite aus dem Kirchenbuch heraus, damit nur niemand je erfahren könnte: Ich hatte einen Ururgroßvater mit dem jüdischen Vornamen Marx. So ungefähr war es auch mit dem Talmud – hat es geklingelt? Also das muß Lo sein. Mach ihr doch, bitte, auf. Ich ordne inzwischen die Dias ein, da kommen noch schöne Bilder. Lo sieht sie bestimmt gern noch einmal.

Als ob es darauf ankäme, dachte sie, die Reihenfolge, die Folge, die Reihe, genau: Der Himmel leuchtete, leuchtet, Saphir, und keine Ordnung, mein Himmel, unausgemessen –.

Nein, sagte sie, ich habe die Dias nicht in der Hand gehabt, Paul, wirklich nicht!

Das gleiche Blau, dachte sie, Bethlehem, Baalbek, die gleichen Steine vielleicht, der gleiche Gott, den ich nicht weiß, den niemand weiß, unausgemessen, den sie nicht fassen und wollen ihn fassen in ihre Ordnungen, immer wieder, Tempel und Grotten und Türme, Minaretts über Kirchengewölben, Grabhöhlen unter Steingebirgen für den gestorbenen Gott, Schreine, Altäre, Beschwörungen, heilige Steine, und die prunkenden Särge in Kairo, die goldene Kuppel in Jerusalem, törichte Ordnungen unter dem Himmel, dachte sie, und unter den Schritten knirschend die unheiligen Steine, wie lange, schon lange, und die silbrigen Ölbäume unter die Sonne geduckt, in Felsenhänge gekrampft, Wurzeln wie Adern, und darüber die Glocken, greller Schmerz, Vater, die Glocken höre ich immer noch immer, höre die Steine, stumm, denn hier geschah es, vielleicht, oder niemals, wer weiß das will wissen die Hirten, der Himmel, die Sonne in Bethlehem.

Es tut mir leid, sagte sie, wirklich, Paul, das weißt du. Ich habe einfach nicht aufgepaßt beim Filmwechsel in Nazareth, ich kannte den Apparat nicht richtig, und Dr. Otte meinte –.

Man muß den Film erst zurückdrehen, gnädige Frau, das ist so, Sie müssen zurückdrehen, verstehst du, sonst wird nichts daraus, aber ich kann nicht, Günther, ich kann nicht zurück, versteh doch, ich kann jetzt nicht, kann nicht mehr, was weißt du von mir, wir wissen beide nicht weiter, du darfst mich nicht ansehen so, darfst mich nicht rufen, nicht so, du weißt nichts, Günther, ich kann nicht zurück, das muß vorbei sein, das glaube ich nicht, das weiß ich, aber du kennst ihn nicht, er ist nicht so, wie du denkst, das weißt du nicht, nein, und er ist doch mein Mann, wenn wir auch nicht verheiratet sind, versteh doch, ein geschlagener Mann, ein geschlagenes Kind, das kannst du nicht wissen, Günther, ich kann nicht mehr fortgehen, kann nicht zurück, versteh mich doch, bitte, er hat mir das niemals gesagt, er kann das nicht sagen, aber er braucht mich, das weißt du nicht so, vielleicht weiß er selber es nicht, versteh mich doch, bitte, und wenn er mich wirklich nicht liebt, ich kann nicht zurück, wie soll ich das tun, einfach zurückdrehen –.

Du warst doch gar nicht dabei, Paul, sagte sie. In Nazareth konnte ich dich nicht fragen, du lagst krank auf dem Schiff. Aber sind denn Fotos wirklich so wichtig?

Wie dann der Abend hereinfiel, dachte sie, über uns, über Jerusalem, das Dunkel brach ein, das Licht zerfiel, nur einen Augenblick Dämmerungsgrau noch zwischen den Mauern, und im Dunkeln dann die Fahrt bergab, sie erinnerte sich, müde und dunkel, die Fremdenführerin sagte nichts mehr, endlich, dämmernd dahin die Straße, bergab, bergauf, Schalten, und plötzlich war seine weiche, vertraute Hand bei ihr gewesen, kein Wort, aber er hielt sie fest, oder er hielt sich bei ihr, im Dunkeln, und später sagte er: War eigentlich doch ganz schön, und sie nickte und legte ihre Hand auf seine Hand, zufällig oder wie zufällig, er schien nichts zu merken, er schlief oder er wachte mit geschlossenen Augen, der Motor dröhnte, einmal warf das Bremsen sie hoch und nach vorn, grelle Scheinwerfer nahe, Gefahr, keine Gefahr, und wieder die trockene Müdigkeit nach dem heißen Tag, Wüstenwind, Durst, immer noch Durst, zweieinhalb Stunden bis Haifa, wieder die schrille Stimme der Führerin aus dem Lautsprecher: Ich zeige Ihnen noch Haifa bei Nacht, das muß man gesehen haben. Müde. Einmal die Lichter einer Tankstelle, jemand stieg aus, Tel Aviv oder wo, oder, dann dröhnte wieder die Straße unter uns fort und weiter und müde und Bilder vom Tag, die keine Kamera halten konnte, und Klänge vom Tag, nie wieder werde ich hören den Mönchsgesang mittags, Litanei, nie wieder so wie in Bethlehem. Und die schwarzen Augen, das Handeln und Betteln der Kinder auf dem Ölberg, von hierher kam Jesus, genau wie die Kinder in Alexandria, wann war das, aus allen Winkeln und Höfen quollen sie, Scharen von Kindern, Meuten von Kindern, sie hatte Angst, Angst, wußte nicht, was sie tun, was sie geben sollte, man muß doch irgend etwas, sie hätte gern ausgeschüttet alles, was sie bei sich trug, was sie besaß, alles, und wußte, es hat keinen Sinn, sie brauchen mehr als ein Opfer, brauchen ein Opfer, die schwarzen Augen, und wieder die Angst auf dem Ölberg, die Panik, sie hatte einfach die Kamelpeitsche gekauft, irgend etwas, mehr habe ich nicht, kann ich nicht, nehmt alles, hier, Paul lachte, lachte sie aus, das hilft doch nichts, und keine Münze mehr für die Hand an der heiligen Grotte, gierige Hände, wo es gewesen war oder, bettelnde fordernde Priesterhände, das Heilige, hier, hier war es gewesen, eine Frau küßte den Stein, küßte die Hand, hier oder –.

Ich glaube, das war in Damaskus, sagte sie, vor der Rückfahrt nach Beirut. Da vorn steht Frau Mannemann, mit den Postkarten in der Hand.

Die immer zuerst am Bus waren, morgens, mittags, Frau Mannemann, Herr Mannemann, damit sie die besten Plätze hatten zum Sehen, zum Fotografieren, zum Filmen, bei jedem Halt zuerst an der Tür mit surrender Kamera, Mannemanns aus Wuppertal-Barmen, rosig und wichtig Ansichtspostkarten schreibend, Andenken stapelnd, Erinnerungen, Beweise: zufrieden und glücklich, vielleicht, der kleine Augenblick Glück, erspart und erwartet, ersessen, und dann bestätigt durch Briefmarken, blinkendes Messing, bunten Damast, hinübergerettet das Glück nach Wuppertal-Barmen in Fotos, Filmen, mehr nicht, mehr wollten sie, wollen sie nicht.

Gewiß, sagte sie, und nicht mehr zu ändern. Aber was willst du, was willst du selbst?

II.

Links das Unerledigte: ein sorgsam geschichteter Stapel von Aktendeckeln, Kante exakt auf Kante, blau, grün, gelb, orange. Dann die blanke Schreibtischlampe mit dem übermäßig langen Arm, an die er sich immer noch nicht gewöhnt hatte, seit Jahren nicht: Sie erschreckte ihn täglich, eine technische Wucherung, geil, und sie faszinierte ihn; nie hatte er sich um ein anderes Modell bemüht. Genau in der Mitte die wuchtige Schreibtischgarnitur, geflammter Marmor, ein Denkmal: Onkels wertvolles Hochzeitsgeschenk, damals (das Tintenfaß, jetzt Behälter für Klammern, Nadeln, Zwecken, auch einzelne Gummibänder darin, staubrot und blau). Daneben die unruhige, beunruhigende Digitaluhr, Susis Geschenk zu seinem 40.; Lo wußte das nicht, durfte nichts wissen, nie. Rechts dann der Platz für die laufenden Arbeiten und Aufträge, ein gegliedertes Feld gegeneinander abgesetzter Papiere, Briefe, Kontoauszüge, Notizen, die einzuordnen, abzurechnen, zu bearbeiten, zu beantworten waren, ehe Frau Baumann sie in der Registratur verschwinden ließ: übersichtlich geordnet alles und aufgeräumt, niemals blieb etwas länger liegen als unbedingt notwendig, auch offenbar nebensächliche Vorgänge erledigte er grundsätzlich am gleichen Tage. Er wußte, daß die jüngeren und die jungen, die mit dem abgeschlossenen Studium und der programmierten Laufbahn, über ihn tuschelten, lästerten, lachten. Aber er kannte auch den stillen Triumph, wenn wieder einmal eine Fehlbuchung aufgedeckt wurde, wenn ein Dauerauftrag verpatzt, eine falsche Auskunft gegeben worden war, wenn eine Kundenbeschwerde die ganze Filiale in flatternde Erregung versetzte: Wo saß der Schuldige, oder die Datenverarbeitung, deren unruhige Zahlen und Zeichen manchmal falsch eingespeichert waren und die Anfälligkeit des neuen Systems mit heilloser Verwirrung anzeigte: Er war das nie, er war das nie gewesen, in sechzehn Jahren nicht eine einzige ernsthafte Beanstandung.

Das Unerledigte links: Er selbst schob den regenbogenfarbenen Stapel am Abend in seinen Schreibtisch und schloß ab, selber holte er ihn am anderen Tage, meistens erst nachmittags, wieder hervor, baute ihn mit immer der gleichen Sorgfalt auf seinem Platz auf. Niemand außer ihm selbst wußte in dieser Folge von Aktendeckeln Bescheid, in denen jeweils die Schriftstükke eines Vorgangs locker gesammelt – nicht abgeheftet – waren. Auch Frau Baumann war nicht befugt, daran zu rühren, und längst hatte sie sich achselzuckend damit abgefunden, zumal sie ganz sicher war, daß die hier gestapelten Schriftsätze ausschließlich Herrn Lingners privatem Sektor zuzurechnen waren. Nicht einmal mit dem diesbezüglichen Schriftwechsel kam sie in Berührung: Herr Lingner setzte sich, jeweils nach Dienstschluß, selbst hinter die Schreibmaschine, und sie zweifelte keinen Augenblick, daß er für diese private Korrespondenz nur eigenes Schreibmaschinenpapier und eigene Kohlebogen benutzte, wenn nicht sogar ein eigens dafür gekauftes Farbband.

Es hatte begonnen mit einem unscheinbaren grauen Hefter, wenige Tage nach Mutters unerwartetem Tod: Sterbegeld. Beim Aufräumen und Abordnen ihrer Papiere und Briefe und Urkunden hatte er eine kleine Quittung gefunden, die ihre Zugehörigkeit zu einer Sterbekasse bewies, Beitragszahlung bis zur Vollendung des 80. Lebensjahres. Offenbar hatte gerade vor kurzem ein Werber sie überredet, ein angeblicher Student vielleicht oder ein Besserung gelobender Rauschgiftsüchtiger: Irgend jemand hatte ihr diese Police aufgeschwatzt, zusammen mit einem durchaus überflüssigen Zeitschriftenabonnement. Der Schriftwechsel wegen der in Frage stehenden 800 DM hatte sich monatelang hingezögert und ausgedehnt, so daß er schließlich – zu Hause wartete niemand mehr auf ihn – dazu übergegangen war, die erforderlichen Schriftsätze mit sorgfältig eingearbeiteten Rechtsvorbehalten – Tips aus der Handbibliothek des Filialleiters – nach dem Dienst im Büro zu verfertigen, zuletzt mit Erfolg, wie er sich gern erinnerte: Für einen einzigen Beitrag plus

Abschlußgebühr und Versicherungssteuer war die volle Versicherungssumme ausgezahlt worden.

Anderes war dann hinzugekommen, immer mehr, ohne daß er dieses andere ebenso rasch und endgültig hätte ablegen können: Das Unerledigte wuchs und wuchs, jeder Vorgang als solcher wuchs an und die Zahl der strittigen Angelegenheiten insgesamt nahm zu, wucherte aus, so daß er den lästigen Kleinkram inzwischen längst wieder zu Hause bearbeitete und nur die wichtigsten Fälle von hier aus zu lösen versuchte. Manchmal überkam ihn Angst, seine Lebenszeit könnte nicht ausreichen, alles zu seinem rechten, gerechten Abschluß zu bringen. Dabei spielte allerdings die Erwartung mit, es würde vielleicht nun doch noch die lang erhoffte Versetzung in die Zentrale kommen, die ihn – endlich in Gehaltsgruppe 9 – zu erhöhtem beruflichen Einsatz, wahrscheinlich sogar zu Überstunden, zwingen würde.

Gelegentlich ärgerte er sich, zu Hause, daß die wichtigsten Vorgänge in der Bank lagen, eingeschlossen und unerreichbar am Wochenende und damit blockiert. Aber er wußte, daß das Unerledigte nirgendwo sonst so sicher aufgehoben war wie dort, und er machte sich nichts vor: Auf diese Sicherheit war er angewiesen. Was in den Aktendeckeln aufbewahrt wurde, ging ausschließlich ihn selber an. Zwar war er davon überzeugt – und er bestätigte sich das immer wieder selbst –, daß er sich nicht zu schämen brauchte: Alles hier hatte seine Ordnung, und wenn etwas dabei zu beanstanden war, dann wurde es von ihm doch bearbeitet auf Ordnung hin. Aber er war nicht sicher, daß Lo ihn verstehen würde, wenn sie zufällig einmal auf die Papiere stoßen und darin lesen sollte, vielleicht nicht einmal Susi, und wer konnte schon eine Garantie geben gegen den Zufall?

Ich habe gefunden, daß für den Menschen nichts heilsamer sei als Schweigen.

Am anderen Tage war er krank.

Er war sehr müde gewesen am Abend, stumpf von dem langen Tag. Der Lärm, die Gerüche, die trockene Hitze dazu, auch die sinnlose Hetze hinter den verlorenen Stunden her hatten ihn erschöpft: Das also war es, Jerusalem, war es gewesen. Er sprach kaum noch ein Wort, ließ Lo allein zum verspäteten Dinner gehen, vergaß sogar, den grünen Kreis um Jerusalem zu ziehen (hier bin ich gewesen), und weil der Steward wieder nicht kam – dreimal drückte er den Knopf, ohne Antwort, natürlich, ein griechisches Schiff, billig –, trank er nur noch Wasser aus der roten Kühlkanne über dem Waschbecken, kalt, klar, künstlich. Dann schlief er ein. Einmal schrak er hoch: Das fette, bunte, süße Gebäck, die blutigen Ziegenköpfe, glasiges Gedärm – die Tür zum Duschraum stand offen, Licht und das Rauschen der Lüftung und Los helle Stimme, irgend etwas: Es gab Es war Ich glaube Schlaf schön ich –.

Doch erst am Morgen, als er aufwachte vom Schrillen des Telefons und wurde nicht wach, Pelziges auf der Zunge, die Lippen dürr, dumpfer Schmerz hinter der Stirn, hatte der Ekel ihn eingeholt. Er tastete nach der Leselampe über dem Bett, schloß die Augen vor dem beißenden Licht, lag starr ausgestreckt. Müssen wir schon? kam Los Stimme.

Ich weiß nicht, sagte er. Ich glaube, ich bin krank.

Sie richtete sich halb auf, sah zu ihm hinüber. Willst du die Tropfen?

Er schluckte, schüttelte den Kopf. Danke. Ich mag nichts. Irgendwas ist mir nicht bekommen.

Man soll eben doch nicht Eis auf der Straße essen, sagte sie. Und mitten in Jerusalem, im Shuk!

Er drehte sich zur Seite, zog die Decke über sich. Das widerliche Gebäck, fett, süß, arabisch. Ich hätte es wegwerfen sollen nach dem ersten Bissen. Aber ich hatte bezahlt, und andere hungern, man wirft nichts weg.

Als sie aus der Dusche kam, nackt, herausfordernd nackt, und sie war noch immer so schlank, fast hager, 76-56-81, ein Kinderkörper wie damals, als er sie, damals, obwohl sie bald 28 war – sie sah zu ihm hin, schien vergessen zu haben, daß er krank war, fühlte ihn nicht, weiß nichts von mir: Du, es wird Zeit! Wir müssen um Viertel nach 8 an Land, der Bus wartet nicht.

Er hob die Armbanduhr vor die Augen, 10 nach 7. Ich mag nicht, sagte er. Ich kann nicht. Wirklich nicht.

Sie war überrascht, oder sie tat so: Willst du gar nicht aufstehen? Er antwortete nicht. Er hatte alles gesagt. Lange vorbei. Sie konnte ihn nicht verstehen, nicht wirklich. Sie war zu jung, zu jung für ihn, ein Kind, das nichts wußte, nichts merkte, nichts verstand. Sie weiß nichts.

Soll ich den Steward rufen? Daß er dir das Frühstück ans Bett bringt? Oder den Arzt? Wir haben doch einen Schiffsarzt!

Er sah sie an, die kleinen Brüste, kindlich, das schmale Fotogesicht, das so geblieben war wie damals, sechs Jahre nun schon, wie abgemalt oder abgedruckt, Lore vom Broich, hörte sich an wie Adel, und wenn sie lächelte, hoben sich ihre Wangenknochen ein wenig. Vielleicht war sie schön.

Ich will nichts, sagte er. Ich mag nichts. Aber steck doch, bitte, mein Ticket ein, wenn du raufgehst, das Ausflugsticket für heute. Vielleicht nimmt der Zahlmeister es noch zurück. Weil ich krank bin. Immerhin 18 Dollar, wenn der Dollar auch wieder gefallen ist – 2,53.

Sie stand vor dem Spiegel, wischte sich Dunkles auf die Augenlider, schob das blonde Haar zur Seite, das sie immer noch lang trug und offen, wie ein Mädchen, obwohl sie älter wirkte dadurch, das wußte sie nicht: kein Kind mehr.

Du kommst also wirklich nicht mit?

Ich sage dir doch: Ich fühle mich nicht.

Sie schüttelte den Kopf, vielleicht schüttelte sie auch nur das Haar locker, das neue Elidor. Wie du willst, sagte sie. So schnell kommst du nicht wieder nach Nazareth.

Und? sagte er. Warum auch. Ich wollte doch sowieso nicht nach Israel. Jerusalem reicht mir.

Das Sprechen fiel ihm schwer. Er richtete sich auf, der Schmerz verdichtete sich über den Augen.

Gibst du mir Wasser, bitte?

Er kramte in der obersten Kommodenschublade, fand die Tablettenröhre.

Sie brachte das Glas. Soll ich nicht doch dem Schiffsarzt Bescheid sagen?

Er wehrte ab, heftig: Der kann ja nicht einmal Deutsch!

Oder Dr. Otte? Der kommt bestimmt.

Ach was, das Zeug hilft schon. Ich kenne mich schließlich aus, nehme gleich zwei. Das ist eben der Orient. Nach Colombo hatte ich das damals auch. Am besten mal einen Tag stramm im Bett und strenge Diät, das hilft schon.

Also dann, sagte sie. Soll ich abschließen?

Er legte sich langsam zurück, die Kabine schwankte, verzog sich, der Schmerz stieg steil an. Ist mir egal. Meinetwegen. Oder auch nicht. Ist mir gleich. Wie du wie –.

Er schaltete die Leselampe aus. Der Schlüssel drehte sich im Schloß. Los Schritte auf dem Gang, dann Stille. Jerusalem. Bethlehem. Nazareth. Er hatte das gleich gewußt, was sollen wir da, er hatte geahnt, daß nichts daraus werden würde: Wieder zu lange gedacht, zu lange geplant, zu lange gerechnet, berechnet. Und Lo. Es war umsonst gewesen, wieder umsonst und bezahlt und vertan, nicht wiedergutzumachen. Er hatte das vorher geahnt, lange: Lo war es nicht, das hätte er wissen können, vorher, das hätte er wissen müssen: Sie war es nicht, und er war ausgeschieden, wieder einmal.

Einer schied immer aus. So waren die Regeln. Es gab einen Platz zu wenig, immer. Wer nicht aufpaßte, wer kein Glück hatte, wer den einen Augenblick versäumte, und wer weiß schon den richtigen Augenblick, ich hätte Nein sagen sollen, damals schon. Zuletzt blieb nur einer nach. Er war nicht der Letzte, der Glückliche, nie. Er mußte zusehen, zuletzt, wie irgendein anderer gewann. Ein Dr. Otte vielleicht. Wie Lo den ansah. Die Reise nach Jerusalem: wieder verloren.

Vielleicht betrügt sie mich. Sie ist jung, und in der Woche ist sie immer allein. Vielleicht ist sie nicht allein . Aber was ist das: Betrügen, Susi, Anita, was sagt das schon? Ich war nicht der Erste, bin nicht der Letzte, und sie. Dr. Otte vielleicht. Wie das so geht. Ich sollte doch wieder heiraten. Mit 41 ist man noch längst nicht alt, das sieht man in den Heiratsanzeigen, die besten Jahre, ein stattlicher Vierziger, gesicherte Position, gebildet, charakterfest, mit eigener Wohnung, Eigentumswohnung, oder ein Haus. Wenn ich in die Zentrale versetzt werde, im Herbst, das hat mir Dr. Bruns fest zugesagt, wenn die Personallage das erlaubt, wenn ein Platz frei wird – dann vielleicht. Aber nicht Lo. Susi vielleicht, die kennt mich am besten und kennt meine Arbeit und weiß, was ich leiste in der Anlagenberatung und ist gehorsam und willig, keine Probleme, und sie weiß, daß ich stattlich sein muß, kein Kilo unter 83, damit die Kunden Vertrauen haben, das gehört zum Berufsbild, solider Bürgerspeck wie der

XY-Zimmermann, da weiß der Kunde: Der Mann verschaukelt mich nicht, der verkauft grundehrliche Anlagen und keinen Sozialismus, da stimmt die Rendite und alles, obwohl das nicht einfach ist, wenn die Kurse erst rutschen, der Kunde hat immer recht, wir brauchen zufriedene Kunden, wir sind ein Dienstleistungsbetrieb.

Das Wetter ist herrlich!, sagte sie. Sonne, und warm wieder, Ende März, wie im Sommer. Die Jacke lasse ich hier.

Er schob die Decke zur Seite. Mir ist es schon wieder zu warm, sagte er.

Sie nickte. Wir hätten doch eine Außenkabine nehmen sollen, da kann man lüften.

Für tausend Mark mehr?! Außerdem stand im Prospekt was von individueller Klimaanlage. Übrigens, warst du beim Purser?

Wieso? Sie hängte die Tasche über die Schulter. Ach so, nein – noch nicht.

Ich habe dir doch gesagt, daß du gleich fragen sollst! Nachher ist es zu spät. Immerhin 18 Dollar, das sind nach dem letzten Kurs noch immer 45,54 – komische Zahl: 4 - 5 - 5 - 4.

Sie beugte sich über ihn, küßte ihn auf die Stirn. Ich mach's jetzt gleich, Paul, sagte sie. Dann fiel ihr ein: Soll ich den Foto mitnehmen?

Wenn du willst. Aber der Film ist fast zu Ende. Du mußt einen neuen einlegen, nachher.

Dann war er allein. Die Lüftung rauschte. Es war warm in der Kabine, stickig, zu warm. Die Klimaanlage war abgestellt. Sie sparen wieder, natürlich, wenn alle Passagiere von Bord sind, fast alle. Er tastete im Dunkeln nach dem Wasserglas, trank.

Traue dir selbst nicht bis zum Tage deines Todes. Meines Todes. Sprich wenig und tue viel, bis zum Tage deines Todes. Wer nicht zulernt, nimmt an Wissen ab, bis zum Tage seines Todes. Alles ist vorhergesehen, dennoch ist die freie Wahl gegeben, bis zum Tage deines Todes. Meines Todes. Wer nicht zulernt, nimmt an Wissen ab. Bis zum Tage meines Todes. Dennoch ist die freie Wahl gegeben. Bis zum Tage meines Todes.

45,54 für 18 Dollar, geschenkt, beinahe geschenkt, und es geht weiter bergab. Im Juli hätte ich kaufen sollen, 2,25 im Freihandel, im Februar dann für 2,80 verkaufen. Geschenkt. Oder besser noch Gold, Gold jede Menge, noch im November, im Januar noch, das hätte ich wissen müssen, wissen können, Gold mußte kommen, 50 Prozent in drei Monaten, jetzt ist das gelaufen, vorbei, ohne mich. 45-54: verrückte Zahl, vier mal fünf und fünf mal vier sind 20, 20, da war ich noch, mit 20 wollte ich noch, hatte noch – nicht daran denken. Verrückt. 45, da war ich 12 und zerschlagen und alles kaputt, kein Haus mehr, kein Dach, und ich wußte nichts von Vater, wußte wirklich nichts, bei Gott, sonst hätte ich es gesagt, ein Schlag und ein Schlag, Schläge Schläge, ich hätte alles gesagt, das Bein, meine Beine, was konnte ich wissen, alles kaputt, nicht daran denken, nicht denken. Verloren. 45. Vorbei. Aber 54, da war ich Student im zweiten, dritten Semester, Betriebswirtschaft, die kleine Bude in Köln, Köln-Bayenthal, da war noch alles drin, wenn nicht Gerlinde – ich dachte, ich hätte sie, endlich, in Wirklichkeit hatte sie mich, fünf Jahre älter als ich, schon Hängebrüste, und sie wollte mich, wollte das Kind, hatte den Tag berechnet, Ogino, wo sie mir endlich nachgab, na also, was wußte ich schon, Gerlinde Schreiter, eigentlich mehr aus Sport, die ist doch zu kriegen, zu haben, so eine, und natürlich kam dann das Kind, mußten wir heiraten – ich mußte sie heiraten, ich konnte nicht anders, damals, das wußte sie ganz genau. Gerlinde. Ich hätte weiterstudieren sollen, Onkel hatte ganz recht, er war gegen Gerlinde und gegen das Kind, das läßt sich doch regeln, Junge, sagte er, das kriegen wir hin, zack zack, wär' ja gelacht, und wenn's einen Tausender kostet, wir leben schließlich nicht mehr im Mittelalter. Aber Gerlinde wollte das Kind, und Gerlinde und Mutter waren sich einig, das tut man nicht, ein Kind ist ein Kind, ist dein Kind, und tausend Mark reichten knapp für die Hochzeit im Fürstlichen Hof mit Schleier und Pfarrer und Onkeltanteonkeltantetante, beiderseits die liebe Familie, das Geld ging drauf für Obstsekt und kalte Platten und 20 Mark für den Organisten, und dann lief es eben weiter und aus, irgendwann muß man ja etwas verdienen, will man mal Geld in den Händen haben, eigenes Geld, kein Taschengeld von Gerlinde, wir müssen sparen, der Junge. Das konnte nicht gut gehen, Onkel hatte ganz recht, er war nicht dumm und verstand zu leben und wäre bestimmt noch etwas geworden, vielleicht etwas Großes, wenn wir den Krieg nicht verloren hätten, dann wäre alles anders, ich wäre nicht hier, wenn wir den Krieg gewonnen hätten. Was soll ich hier, Nazareth, Galiläa, Heiliges Land, was ist da schon heilig, was ist da anders als gestern in Zypern, vorgestern Libanon, Nahost-Kreuzfahrt mit dem schnittigen 16000-Tonner, überall Trümmer und Scherben und Bettler und Steine und überall stinkt es, die gleiche Sonne von Hafen zu Hafen, eine zwanglose Urlaubsatmosphäre, Mannemanns auf den Vordersitzen, überall Dreck und Andenkenbuden, wenn auch bestimmt noch besser als zwei Wochen Israel, Los alter Traum, das Heilige Land auf den Spuren des Herrn, nicht mein Herr, was habe ich hier verloren, wo Gott sein Volk, nicht mein Volk, mein Gott, verloren, vorbei. Onkel hatte ganz recht, man darf sich nicht kleinkriegen lassen, mein Junge, zack zack, man muß auch mal Nein sagen können, mein Junge, das wirst du noch lernen, man muß den Rücken steif halten, ich mache mir gar nichts vor.

Dieses Bild: Jerusalem vom Ölberg her. Vue de la Ville de Jerusalem. Jerusalem from the Mount of Olives. Jerusalem. Blick auf die Stadt vom Ölberg Das Bild, das schon vorher da war. Blende 8, ein Fünfzigstel. Gelbe Steine. Mauern, die strenge Mauermacht um die Stadt, gegürtet. Erwartungen, die nicht erfüllt werden können, weil alles längst vorher beschrieben , immer noch einmal gesehen, immer noch einmal gezeichnet worden ist: weil das Bild vorher da war. Jerusalem Die krächzende Stimme der Fremdenführerin: Hier haben Sie den schönsten Blick auf die Stadt. Von hierher kam Jesus. Sehen Sie dort das Goldene Tor, das haben die Araber zugemauert. Ein abgenutztes Bild, verblaßte Linien, Erinnerungen. Die goldene Kuppel über dem Stein, wo Abraham, wo der Tempel, wo Mohammed, wo am Ende aller Zeiten. Heilig. Schmutzige Kinder mit Ansichtspostkarten, Diaserien, arabische Kinder, lästig, ein Kamel zum Fotografieren, Kinder zum Fotografieren, eine Kamelpeitsche zum Mitbringen, das gleiche Modell wie in Kairo, Damaskus. Und unten, vorn, vor der Mauer, die Gräber der frommen Juden, die auf den Jüngsten Tag warten, wenn der Messias vom Ölberg herabsteigen wird, wie es geschrieben steht. Blende 8, ein Fünfzigstel. Und drüben, vor dem vermauerten Goldenen Tor, die arabischen Gräber, über die kein frommer Jude gehen darf, so daß der Messias nicht hineingehen kann in die Gottesstadt: heillos. Warme Nachmittagssonne, Blende 5,6, keine Hoffnung, und hinten das Jordantal im Dunst. Ein Augenblick, der nicht dauert. Beeilen Sie sich, bitte! Ein Fünfzigstel. Wir müssen jetzt. Und wenn nicht jetzt, wann denn?

Dieser Reiseführer ist vor allem für den Reisenden geschrieben, der sich bisher noch nicht entschließen konnte, seine Ferien in Israel zu verbringen, weil ihn die nicht mehr so ganz junge Vergangenheit in seiner Entscheidung behindert.

Ausgezeichnete Broschüren über Spezialgebiete gibt es übrigens auch kostenlos in den Dienststellen des Government Tourist Office, und die gut ausgestatteten Buchläden in Jerusalem, Tel Aviv und Haifa haben alles vorrätig bis zu den herrlichsten Bildwerken. Es gibt diese Bücher in deutscher Sprache, und es gibt sogar Buchhandlungen, die sich auf deutschsprachige Bücher spezialisiert haben. Deutsch wird ohnehin fast überall gesprochen, wenn auch meist nur von der älteren Generation. Sprechen Sie also, wenn Sie nicht hebräisch können, beim Zoll oder im Paßamt, im Geschäft oder Restaurant ruhig deutsch! Schlimmstenfalls holt man Ihnen den Kollegen heran. Man wird Sie aber deshalb nicht weniger gut behandeln als den, den man an seinem Akzent in einer anderen Sprache doch als Deutschen erkennt. Ihre Vorsicht wird entweder bespöttelt oder man unterstellt Ihnen ganz unbewußt einen Schuldkomplex.

Und den können Sie zu Hause lassen! Hier weiß man, daß die Deutschen, die für ihr gutes Geld und in ihrer schwer verdienten Urlaubszeit herkommen, mit guten Voraussetzungen kommen. Und zumindest weiß man hier sehr gut, den Wert der Devisen zu schätzen, die der Tourist ins Land bringt. Die christlichen Pilger sind genau so willkommen wie die Erholungsuchenden.

Es wird der Tourist in allen Ländern mal auf Aversionen stoßen; es wird ihm anderswo auch einmal Haß begegnen, und selbstverständlich wird man in Israel erst recht auf Deutschenhasser treffen. Aber gerade die spontane Begegnung, die unbeabsichtigte Unterhaltung, bringt Verstehen und Verständnis für beide Seiten.

Man muß mit positiven Voraussetzungen kommen, muß Argwohn und aufgedrängtes Kollektiv-Schuldbewußtsein zu Hause lassen. Ein sich normal benehmender Deutscher kann hier gar nicht auffallen.

Über Nacht war das Schiff verlegt worden. Keine eifrigen Tender mehr zum jenseitigen Ufer: Der Kai lag, haustief, unmittelbar neben der steilen Bordwand.

Er zeigte der gleichgültigen Wache seine Landungskarte, trat hinaus auf die bebende Gangway, tastete sich, das Geländer fühlte sich kühl an, Stufe um Stufe hinab: an Land, in die Fremde. Früher Nachmittag, unter einem dunstigen Himmel von unbestimmter Tönung stand Wüstenhitze, die Farben waren wie aufgerauht von Sand oder Staub; es war nicht mehr die gleiche Stadt, die gestern morgen das Schiff blühend bunt und offen empfangen hatte.

Das Pflaster unter seinen Schritten beruhigte: Land. Er blieb stehen, schloß einen Augenblick lang die Augen, ein Stern schwebte hoch und fort, mein Kreislauf, mein Magen, Jerusalem, ging dann entschlossen weiter, zur weißen Schranke am Ausgang: Haifa soll eine schöne Stadt sein. Bevor er nach links einbog, wo sich mit offenen Restaurants, Schaufenstern und lärmendem, stinkendem Verkehr so etwas wie eine Hauptstraße anzuzeigen schien, sah er noch einmal zurück: Da lag, hoch aufsteigend über die grau geduckten Lagerhallen, das große, weiße, strahlende Schiff, prunkend mit ungezählten Fensterperlen, gipfelnd im blauen Schornsteinkegel – sicher, mächtig und stark, herrscherlich. Er nickte, er war zufrieden.

Planlos ging er die Straße entlang, hörte fremdartiges Lärmen, unverständliche Laute, sah ein bewegtes Ineinander von Farben und Schatten: Ich fühle mich doch noch nicht wieder, sollte lieber, vielleicht, oder. Als ein Ampelrot ihn aufhielt, bog er nach rechts ab, folgte der ruhigen Straße ein Stück hangaufwärts, fand sich plötzlich vor Gärten und Fassaden, die ihn mit Gittern und Steinbaukastentürmen auf seltsam altväterliche Weise deutsch anmuteten, erinnerte sich auch, im Reiseführer – er hatte ihn an Bord vergessen – etwas von Kaiser Wilhelm II. gelesen zu haben, vergessen, und er hatte den Foto nicht bei sich, natürlich, Lore, man sollte niemals sollte immer die Frauen –.

Dann geriet er in ein anderes Geschäftsviertel, ihm war heiß, dunkle Augen starrten ihn an, was ist denn, was bin ich, Mattigkeit überkam ihn, drohte ihn zu überwältigen, er blieb vor einem kleinen Schaufenster stehen und starrte auf die verstaubten, unordentlich ausgebreiteten Haushaltsartikel, schäbiger Kunststoff, dünnes Blech, billig, er rechnete die Preise um, zu teuer, und dann sah er unvermittelt in dem halbdunklen Laden eine alte Frau, die ihn an irgend jemanden erinnerte. Die Frau kämmte ihr Haar, strähnige graue Locken, sie war allein in dem Laden, er fühlte sich in die peinliche Rolle des Voyeurs versetzt und konnte den Blick doch nicht abwenden, bevor er nicht wußte, an wen, an wen erinnert mich dieses Gesicht, ich muß das wissen, ich muß. Bis er dann weiterging, Unsinn, ich kenne sie nicht, ich kenne niemanden hier, es geht mir nicht gut, das aufgedrängte Kollektivschuld-Bewußtsein, mein Kreislauf. Eine Zeitlang wartete er noch vor der Fensterfront eines Supermarktes mit bescheidener Warenfülle; aber er konnte das Erinnerungsbild, das Hinterbild der alten Frau nicht finden.

Unvermutet entdeckte er plötzlich sich selbst, Antiquities, in einem Spiegel mit goldenem Rokokorahmen: ein rötliches, etwas gedunsenes Gesicht, XY, XY-Zimmermann, ich bin noch nicht wieder gesund, ich muß mich schonen, sollte lieber –. Er wußte nicht mehr genau, wo er war, rechts links rechts oder, wo es zum Hafen ging, bergab natürlich, zum Schiff. Es war heiß, dunstig, trübe. Auf gut Glück, den Schuldkomplex zu Hause lassen, wandte er sich an einen Vorübergehenden, einen beleibten älteren Herrn von jovialem Gesichtsausdruck: Excuse me, Sir. Could you tell me, please, where I come to the harbour? Auf sein eingetrocknetes Schulenglisch erhielt er Antwort in fließendem, singendem Wiener Deutsch, erfuhr auf dreihundert oder vierhundert Metern Wegs, die ihn der freundliche Fremde begleitete – Und dann gehen Sie einfach nach rechts und sehen schon Ihr schönes Schiff! – von der unübertroffenen Anmut der Stadt Haifa, gelegen zu Füßen und an den lieblichen Hängen des berühmten Karmel-Gebirges – Sie müssen den herrlichen Ausblick genießen! –, hörte beiläufig von dem weltberühmten Technion, auch von den blonden Drusen in ihren Karmel-Dörfern, sehr sehenswert, und einige Anmerkungen ließ sein kundiger Begleiter, den er nicht für einen Juden zu halten wagte, obwohl das Gegenteil nicht sehr wahrscheinlich war, einfließen von seinem offenbar farbigen Lebensweg, Wien, München, London, Portsmouth, Haifa, und er war anscheinend eng befreundet mit einem bedeutenden Dichter namens Hans Hase oder so ähnlich, sie hätten gemeinsam die Schule besucht, und er habe dem begabten Hans bei den Hausarbeiten geholfen, jedenfalls in den naturwissenschaftlichen Fächern. Als der liebenswürdige Herr sich verabschiedet hatte – Dort vorn gleich rechts! Und weiterhin angenehme Reise, Schalom! –, meinte er sich zu erinnern, auch ihn früher schon einmal gesehen oder getroffen zu haben, vielleicht auf dem Schiff, unmöglich, oder gestern beim Landgang, er war sich nicht sicher, das aufgedrängte Schuldbewußtsein, er hatte sich nicht einmal bedankt. Dann fand er sich vor einem Schaufenster mit Ledertaschen, Gürteln, Portemonnaies, verglich die Preise, rechnete um und zurück, und plötzlich sah er – das Wort fiel ihn an, er hatte gar nichts gesucht – den Namen an der Ladentür: ROSEN. Ernst Rosen, Lederwaren.

Es war die alte Frau auf dem Bild, die junge Frau, er wußte es jetzt: die Frau auf dem Ölbild in Mutters Zimmer, über dem Klappbett: Familie Leo Rosen, L. M. 1930. Der Rechtsanwalt Dr. Rosen war schon ein wenig behäbig, mit streng verschlossenem Mund: Ein deutscher Bürger blickte herab, ein Akademiker in dunklem Anzug, dunkler Krawatte, distinguiert. Aber die Frau, einige Jahre jünger als ihr Mann, mit etwas unordentlichem, etwas strähnigem Haar: Sie sah halb zur Seite, eigentlich ohne erkennbaren Anlaß, an dem Mann vorbei, sah unruhig irgendwohin, und er wußte plötzlich, er hatte das nie gesehen in all den Jahren, da das Bild in Mutters Zimmer hing: Sie hatte Angst. Der Maler hatte ihre Angst gemalt, L. M. 1930, in ihren Augen, ihren Händen, in den verwirrten Haaren, und diese Angst hatte er wieder gesehen, vorhin, hinter dem Schaufenster mit den staubigen Haushaltsgeräten.

Er hatte keinen Bedarf an Lederwaren. Er hatte auch kein israelisches Geld bei sich, weshalb. Er trat in den Laden, ohne zu überlegen. Aus einer Hintertür löste sich – der Raum erschien dämmerig nach dem Nachmittagslicht der Straße – eine leicht gebückte Männergestalt. Einen Augenblick zögerte er, schluckte; dann fragte er auf deutsch nach – nach einem Portemonnaie, bitte.

Sie kamen ins Gespräch. Seit 36, sagte Herr Rosen. Früher in Hirschberg, wenn Sie das kennen, Hirschberg im Riesengebirge. Sie sind als Tourist hier?

Ja, auf der Durchreise, mit dem Schiff. Wir fahren morgen weiter, die "Atlas".

Es ist Chamsin heute, sagte Herr Rosen. Das sind anstrengende Tage. Ein Wind aus der Wüste.

In der Mitte lag ein schwarzes Portemonnaie. Ist das Leder?, fragte er.

Echtes Saffian, bestätigte Herr Rosen. Wir führen seit jeher nur erste Qualität.

Bei uns gab es auch eine Familie Rosen, zu Hause. Mein Vater war befreundet –.

Es kostet 28 Pfund, sagte Herr Rosen. Oder hätten Sie lieber etwas Billigeres?

Er fühlte sich schwach, unbehaglich, elend. Nein, nein, sagte er, danke, das ist genau das, mit den Seitenfächern, was ich suche. 28 Pfund sind –? Ich meine, wie rechnen Sie um?

Wir nehmen nur israelisches Geld, bitte.

Ach, ich dachte – ich dachte, die DMark ist ziemlich wertvoll in Israel?

Gewiß, sagte Herr Rosen. Aber wir tauschen nicht. Vielleicht kommen Sie noch einmal herein? Zu Ihren Diensten, mein Herr.

Gern, ja. Hat mich gefreut, wirklich. Ich werde dann morgen früh versuchen – gestatten Sie: Lingner.

Der andere deutete eine Verbeugung an: Sehr angenehm.

Ich will mich dann noch ein bißchen umsehen in Haifa. Sie leben in einer schönen Stadt.

Herr Rosen räumte die Portemonnaies wieder ein. Ja, sagte er. Seit 1936.

III.

Sie blieb nur bis gegen 6, und es war weiter nichts, wieder nicht. Eng lagen sie nebeneinander, sein Bett war ziemlich schmal. Er strich ihr über das Haar, immer wieder, über die Schultern, seine Hand war kühl auf ihrer Haut. Langsam füllte die Dämmerung das Zimmer aus, dann kam der Schein der Straßenlaterne, der Schatten des Fensterkreuzes an der Decke, schräg. Er wurde ruhiger. Sie sah den altmodischen Kleiderschrank mit dem Mittelspiegel, die seidenbespannte Hängelampe, den Drehstuhl vor dem Schreibtischblock und drüben, neben dem Bücherbord, die große Weltkarte.

Sie wußte, es war das Zimmer, sein Zimmer. Hier waren sie niemals gut miteinander, obwohl er eigenwillig darauf bestand: Komm doch nach nebenan, zu mir – oder magst du nicht? Meistens war er hastig, störrisch, unsicher wie ein Junge, wie beim erstenmal: Magst du mich nicht mehr? Dann lagen sie nebeneinander, er streichelte ihre Haut, und es war nichts. Sein weicher, dicklicher Bürokörper war wie gelähmt, antwortete nicht. Nur wenn sie versehentlich die Narben an seinem Oberschenkel berührte, zuckte er zusammen, wehrte sich: Bitte nicht, Lo, bitte! Zuletzt drehte er sich auf die Seite, zog die Beine halb an, schmiegte sich an sie, und sie wußte nicht, was war: warum sie diesen Mann liebte.

Er schlief. Sie zog die Decke über ihn, legte sich vorsichtig wieder auf den Rücken, langsam, und eigentlich war alles gut, wie es gut sein konnte in diesem Zimmer, mit ihm. Das war so. Gegen 5 wachte er auf, bestürzt, daß er geschlafen hatte, er schämte sich, stand rasch auf und bereitete in der Küche den Kaffee. Sie kämmte sich noch, als er wieder eintrat, auf dem Tablett das

Sonntagsgeschirr, Tassen und Kanne mit Goldrand, dazu das blanke Sahne-Zucker-Service. Mußt du wirklich schon gehen?

Heute ist doch dieser Volkstrauertag, sagte sie. Für meine Mutter bedeutet das etwas, immer noch, und sie wollte mich gern noch einmal sehen, bevor ich fahre. Aber Mittwoch ist Bußtag, da kann ich wieder kommen, wenn du magst.

Ja, sagte er, gern. Oder wollen wir uns auf halbem Weg treffen, vielleicht in Gummersbach?

Lieber nicht, sagte sie. Ich mag diese Hotelzimmer nicht, du weißt ja, und dann am Bußtag.

Aber hier –, sagte er.

Ist ja gut. Du mußt nicht daran denken.

Warum bleibst du nicht gleich bis Mittwoch? Das lohnt sich doch eigentlich gar nicht, die Fahrerei; bei einer Monatszeitschrift müßte sich das doch einrichten lassen.

Wir haben Dienstag Umbruch, sagte sie. Das war nicht anders zu machen, sonst kommen wir nicht mehr pünktlich zum 1., sind sowieso schon spät dran, und du weißt ja, Würmling ist insofern penibel.

Der! sagte er. Na ja.

Sie trank den Kaffee, fand ihn wohlschmeckend, ertappte sich in der Klangfolge eines dümmlichen Werbespots, Kaffee Kaffee wunderbar, lachte.

Was ist?, fragte er, unruhig.

Nichts, sagte sie. Gar nichts, wirklich. Ich kam mir bloß eben vor wie Tante Mathilde im Werbefernsehen, als mir dein Kaffee schmeckte – nichts wäscht weißer, man denkt schon in den gleichen Worten: kann keinen Unterschied feststellen.

An der Wohnungstür küßte er sie. Nicht traurig sein, bitte, sagte er.

Warum denn? Ich kenne dich doch.

Wieso? Er sah sie an, wie ertappt.

Nur so, sagte sie. Vielleicht, weil ich einen gewissen Paul Lingner liebe – verstehst du? Das soll es geben.

Draußen regnete es wieder, das Autorot glänzte wie frisch lakkiert im Laternenlicht. Sein Wohnzimmerfenster war jetzt hell, sie meinte, seinen Schatten zu sehen, hinter den Gardinen.

Ich rede dir ja nicht rein, sagte ihre Mutter, wie jedesmal. Aber ich weiß wirklich nicht, was das soll, Lore. Dieser Herr Lingner ist doch kein Mann für dich, und glücklich siehst du wirklich nicht aus. Ich habe ja gar nichts gegen ihn, das darfst du nicht denken, irgendwie scheint er auch tüchtig zu sein, das bestreite ich gar nicht, er hat uns wirklich sehr gut beraten. Aber ich weiß nicht –.

Mußt du ja auch nicht wissen, Mutti, sagte sie.

Der Tee war dunkel und nur noch lauwarm. Ich hatte gegen 5 mit dir gerechnet, Kind, sagte ihre Mutter. Übrigens war Hermann vorhin eine Stunde hier und hat mir erzählt.

Ja?

Also er fand die Bilder von eurer Reise nicht überwältigend.

Wie sollten sie denn auch sein, für ihn? Es sind eben Fotos, Mutti. Wie es war, das kann man auf Bildern nicht sehen.

Du bist wie dein Vater, Kind.

Ich weiß: Auf alles habe ich eine Antwort.

Sie lachten. Der Austausch gewohnter Redewendungen, das vertraute Hin und Her von Formelsätzen vermittelte etwas wie Heiterkeit, Leichtigkeit, Gelassenheit.

Ich bringe die Dias mal mit, sagte sie. Dann kannst du sie selber sehen.

Gern, ja. Ich packe dir noch etwas Kuchen ein.

Sie lächelte: Wieder die Formel, auch in der Antwort. Danke. Das ist nicht nötig.

Willst du nicht wenigstens Äpfel mitnehmen? Obst ist wichtig, ist gesund.

Danke. Ich habe alles zu Hause.

Zu Hause? Ist das nicht hier?

Natürlich, sagte sie, hier vor allem. Aber ein bißchen auch dort. Das mußt du verstehen.

Sie dachte gar nicht an ihre Wohnung in Urbach: Sie sah die Hängelampe, den Spiegelschrank, sah Pauls Schreibtisch, die Weltkarte, das schmale Bett, und einen Augenblick lang fühlte sie sich froh.

Sehr geehrter Herr Lingner,

es tut uns aufrichtig leid Herr Lingner, daß Sie Ihre Urlaubsreise mit nur negativer Berichterstattung abschließen mußten. Soweit durch die geschilderten Vorkommnisse Ihre Urlaubserwartungen beeinträchtigt wurden, bitten wir höflich um Entschuldigung. Wir sind stets bestrebt, die Reisen zur vollen Zufriedenheit unserer Gäste zu arrangieren. Bei der Durchführung der Reisen sind wir allerdings auf die vertragsgetreuen Leistungen unserer Vertragspartner angewiesen.

Wir bedauern außerordentlich, daß es nicht möglich war, eine deutschsprachige Reiseleiterin zu Ihrem Termin für die Reise zu verpflichten, was jedoch für Sie als erfahrenen Kreuzfahrer nicht ein so erheblicher Mangel sein konnte, wie in Ihrem Schreiben zum Ausdruck kommt. Auch die übrigen Passagiere scheinen die Reiseleitung nicht vermißt zu haben, da uns sonst kein Beschwerdeschreiben erreichte, im Gegenteil: Uns liegt eine objektive Äußerung von Herrn Dr. O. vor, der sich voll befriedigt zeigte.

Die Ihnen von einer früheren Reise bekannte »Ryndam«, die jetzige »Atlas«, wurde vollständig renoviert. Da Sie, Herr Lingner, das Schiff von einer früheren Reise her kannten, mußten Sie dies am besten beurteilen können. Daß Sie nicht alle in unserem Kreuzfahrten-Prospekt angeführten Leistungen bzw. Einrichtungen benutzen konnten, bedauern wir.

Sollten Sie mit unserem Schreiben nicht einverstanden sein und weitere Schritte unternehmen wollen, bitten wir Sie Herr Lingner den weiteren Schriftwechsel mit unseren Rechtsanwälten,

Herren Dr. Karl Krause
Dr. Christian Zwiesel
Ainmillerstraße 163'
8 München 13
führen zu wollen.
Mit freundlichen Grüßen

Er schrak hoch: vergessen, etwas vergessen? Er spürte die Narben, die Wunden. Spät, es war spät. Er fühlte die Schläge. Hinter dem grünen Vorhang das gedämpfte Leuchten der Straßenlaterne. Ich weiß nichts, ich weiß nichts, ich weiß nichts. Noch immer

Nacht. Nichts. Die Weckerstriche zeigten halb 3. Das Herz jagte: etwas vergessen? Der Kaffee war zu stark gewesen, vielleicht. Oder. Der Brief – Herr Dr. O., der sich voll befriedigt zeigte. Ich habe es nicht gewußt, ich habe es nicht gesagt, was sollte ich sagen, ich konnte nichts sagen, nichts nichts. Nie wieder so. Niemals wieder. Blut. Blut. Aber Jungchen, das heilt doch, natürlich wirst du wieder gesund. Es tut noch weh, immer noch weh. Vielleicht das Wetter, wahrscheinlich: November, immer im Herbst, der Regen, der Nebel, dann klopfen die Narben. Nicht daran rühren. Man soll nicht daran rühren. Es war nichts. Ich weiß nichts. Nicht daran denken. Vorbei. Aber nachts wieder: wieder der Traum. Sie schlagen wieder, schlagen, sie schlagen mich, immer noch, immer noch einmal, Blut, die Riemen reißen das Fleisch auf, ich weiß nichts, wieder: Er hörte sich schreien und wachte auf und Mutters Stimme: Jungchen Jungchen. Aber es war nichts, er hörte nichts mehr, allein, nur das leise Klopfen unter den Narben. Immer im Herbst. Er schlief nicht wieder ein. Den Namen des Dorfes wußte er nicht mehr, lange vergessen, und wenn er ihn noch gewußt hätte: Es gab diesen Namen nicht mehr. Schlesien. Das war vorbei. Das heilte nicht mehr. Sie hatten nie mehr darüber gesprochen, nachher: Laß gut sein, Jungchen. Laß bös sein. Laß sein. Der Tintenstrich auf der Reisekarte, Deutschland in den Grenzen von 1937, war lange verblaßt, der irre Weg hin und her und wieder fort, ohne Sinn, ich weiß nichts, bis sie dann hierher gekommen waren, hier blieben, warum nicht, fremd in der Fachwerkenge, fremd in der Sprache, zwischen den Häusern, vertrieben, geschlagen, kein Haus. Laß sein. Er wußte fast nichts mehr von diesem Weg, den Mutter ihm nachgezeichnet hatte: Das war ihm ausgetrieben worden mit Schlägen und Angst vor Schlägen. Einzelne Bilder noch: Die Kälte, das Eis in den Augenbrauen, Januar 45, die starren Körper am Straßenrand, überweht vom Schnee, weiter, weiter, verweht. Der brennende Panzer. Die blutenden Hände: Mutter zog ihn auf dem Kinderschlitten, irgendwann gab es heißen Kaffee, daß der Mund verbrühte, verglühte, niemals wieder ein Lied, die blauen Dragoner, sie reiten. Dann zog er Mutter auf dem Schlitten, weiter, Schnee Schnee Kälte Eis, irgendwo Baracken und Höfe, einmal ein wüstes Schlafzimmer mit roten Federbetten, warm, der brennende Panzer, Tiefflieger unter dem Himmel, wenn die Sonne schien, Deckung, und die erfrorenen Füße, die erst wieder beweglicher wurden unter der Frühlingssonne in Aussig, das war im Sudetenland, aber dann nicht mehr Sudetenland, keine Milch mehr am Morgen, kein Brot und kein Geld und Schreie und Schüsse und Angst Angst und wohin jetzt und Vater wo und nach Hause, natürlich nach Hause, mit Mutter zu Fuß über das Riesengebirge, heim nach Schlesien, der Krieg zu Ende und alles vorbei, keine Leichen mehr an den Straßen und Wegen, beinahe schon Frieden und warme Sonne und Wälder, wir gehen nach Hause, Jungchen, zu Hause ist alles gut, unser Haus, bis irgendwer wußte, in den Trümmern zu Haus, das Dach verbrannt, die Fenster zerschlagen, zersprungen, daß Vater in der Partei war, Redner für Führer und Volk und Winterhilfe, daß er in der Waffen-SS war, Mörder, und Mutter schrie, er hörte, wie sie geschlagen wurde oder was war mit ihr, und dann sollte er sagen, sollte es sagen, was denn, ich weiß nichts, nichts, sollte alles sagen, Vater, sie banden ihn fest in der Scheune, die aufgerissene Haut, sie schlugen ihn, schlugen, sag es, nein, schlugen ihn in dem Dorf ohne Namen, warum denn, ich will es sagen, ja, alles, Blut, alles sagen, was soll ich sagen, er schrie, schrie Vater.

Gegen 4 nahm er eine Valium-Tablette. Er spürte, wie sein Mund taub wurde, die Schmerzen betäubt, fühllos die Beine. Ich weiß nichts, nichts mehr. Es war nichts. Wenn ich nur für mich bin, was bin ich? Was weiß ich.

Der Wecker schepperte, 7 Uhr. Der Kopf war schwer, kaum zu ertragen. Er wollte fort, fort, aber wohin?

Also Beirut, sagte er. Da wären wir, pünktlich. Aber auch nichts Besonderes.

Sie standen am Achterdeck, langsam wurde das Schiff an den Kai gezogen. Die Nachmittagssonne war angenehm warm.

Die meisten Häfen sehen so aus, sagte er. Schuppen, Kräne, Geleise. Man erwartet einfach zuviel. Ich kenne zwei Dutzend Häfen – es ist immer dasselbe.

Sicher, Herr Doktor, sagte er. Da haben Sie auch wieder recht. Aber das ist es nicht, daß es dasselbe Schiff ist wie damals, schließlich ist es ja umgebaut und wirklich jetzt elegant und modern: Sie hätten die alte «Ryndam» sehen sollen, mit der ich damals um die Welt gereist bin – also gar kein Vergleich. Verstehn Sie, das stört mich nicht, im Gegenteil eigentlich, ich fühlte mich gleich ein bißchen zu Hause, und daß ich da und da schon gewesen bin, Athen zum Beispiel oder Kairo, das war mir natürlich von vornherein klar: Wenn man irgendwo gewesen ist, das kann nicht viel anders sein heute, auch wenn ein paar Jahre dazwischenliegen. Verstehn Sie? Dagegen sage ich nichts. Aber ich komme nicht los von dem Gefühl, daß ich alles schon einmal gesehen habe, buchstäblich alles – die Häfen, den Himmel, die Säulen, sogar die Menschen an Bord.

Aber nein, Herr Doktor, das ist nicht persönlich gemeint, sagte er und lehnte sich an die Reling. Entschuldigen Sie! Ich meine nur: Auch die Reisegesellschaft ist eigentlich die gleiche wie immer, dieselben Menschen, beinahe die gleichen Gesichter, abgesehen davon, daß ich diesmal nicht allein reise, das macht natürlich schon einen Unterschied, verstehn Sie, man ist sozusagen festgelegt, wenn es auch wieder sehr nett ist, daß man seiner Begleiterin –.

Bestimmt nicht, sagte er, im Gegenteil: Ich freue mich, daß Sie immer mal mit ihr tanzen, ich kann ja leider nicht tanzen, mein Bein. Und wir freuen uns sehr, Ihre Bekanntschaft gemacht zu haben. Aber sonst – es ist doch eigentlich immer dasselbe auf diesen Schiffsreisen. Drei oder vier Stunden täglich ißt man, und man ißt immer zuviel, und an Land muß man dann Trümmer besehen, Kapitelle, Werkstätten, wo man billig was kaufen kann, und überall die Andenkenläden, und die bettelnden Kinder, das müßte doch eigentlich auch mal abgestellt werden, nicht wahr, und was man so kauft, Filigran und Gläser und Messing und nachgemachte antike Scherben, das kennt man doch längst – sogar die Farbfotos, die ich mache, verstehn Sie: Ich kenne alle schon vorher, ich denke manchmal, daß ich die Bilder schon zu Hause im Kasten habe, und wenn ich zufällig mal etwas nicht haben sollte in diesem Ausschnitt oder in der Beleuchtung, dann hat das eben ein anderer, man kann ja auch Dias kaufen für wenig Geld und Bildbände, und eines Tages wird man bestimmt von guten Bekannten eingeladen und muß sich noch einmal die Ruinen von Baalbek ansehen oder die Akropolis bei Sonnenuntergang und Tante Helene im kleinen Reisekostüm an der dritten Säule von links. Es ist einfach alles bekannt, verstehn Sie: Nichts ist mehr wirklich fremd, insofern ist es fast gleichgültig, wohin ich reise: Mir ist schon vorher alles vertraut – ich brauche nur einen halben Blick, dann erinnere ich mich, oder ich brauche nicht mal mehr hinzusehen, brauche gar nicht erst hinzuhören, was der Fremdenführer sagt: Ich kenne das schon. Verstehn Sie? Oder es interessiert mich nicht. Das Neue gibt es nicht mehr, die Fremde ist ausverkauft, sozusagen.

Na ja, sagte er, natürlich, Herr Doktor. Aber ich habe einfach zuviel gesehen: einmal rund um die Welt und 13 andere Reisen jetzt bin ich eigentlich überflüssig. Ob ich dies oder das auch noch sehe oder nicht sehe, das ist im Grunde doch gleichgültig. Was ich wissen will, kann ich nachlesen, wenn ich was wissen will – kann alles in Bildbänden nachschlagen oder in Reiseführern, in Filmen, im Fernsehen, umsonst und gratis zu Hause, in aller Ruhe.

Sicher, räumte er ein, das gilt nicht für jeden, und natürlich bin ich auch nicht zufrieden, wenn ich zu Hause bleibe. Aber wollen Sie denn wirklich alles kennen und wissen? In unserem Alter – nicht wahr, wir sind doch ziemlich gleich alt –.

Also bitte, dann sind Sie fünf Jahre jünger als ich. Aber das wissen Sie doch auch schon mit 35: Es gibt nichts Neues mehr auf der Welt, wir treffen uns überall wieder, und wenn Sie in die Antarktis reisen – also ich war noch nicht da, nur als Beispiel, meinetwegen auch auf die Hebriden oder nach Formosa –, wohin Sie auch kommen, irgendwie ist es immer wie in dem Märchen vom Swinegel und dem Hasen: Nichts Neues, nichts wirklich Neues, Sie waren immer schon da. Verstehn Sie: Sie treffen immer nur wieder sich selbst. Ich bin selber der Hase, denke ich manchmal. Dann versuche ich, das meiner – na, Fräulein vom Broich zu erklären. Aber da sind eben die Jahre zwischen uns, Erfahrungen kann man nicht überspringen und kann sie nicht weitergeben, nicht wahr, und manches begreift sie einfach noch nicht. Das sind eben Erfahrungen –, nicht wahr, Sie kennen das sicher auch.

Ja, hat mich sehr gefreut, Herr Doktor! Daß man mal ein Gespräch führen kann, nicht wahr, das kennt man heute ja gar nicht mehr. Die Menschen sind einfach zu oberflächlich.

Also bis später. Kommen Sie heute abend mit ins Casino du Liban?

Ja, finde ich auch. Das muß man gesehen haben. Sonst weiß man ja gar nichts.

Am Dienstag, dem 19. November 1974, lagen auf dem Stapel Unerledigt vier Aktendeckel, in zeitlicher Reihenfolge geordnet, farbig gegeneinander abgesetzt:

blau – Möbelhaus Sievert (Wohnturm)
grün – Eigentumswohnung München (Mieterhöhung)
gelb – Nahost-Reise TSS ATLAS (Schadensersatz?)
orange – Erstattung Darlehen Clemens L. (Termin!).

Abends fand er den Brief zu Hause. Im ersten Augenblick wußte er nicht einmal, wer da geschrieben hatte: B. Winkowski. Nachdem er den Brief zweimal gelesen hatte, beschloß er, einen fünften Aktendeckel anzulegen: rot – Gemälde L.M.

Arolsen, den 17. November 1974

Mein lieber Paul!

Zufällig erfuhr ich kürzlich, bei unserem allmonatlichen Heimattreffen, von Frau Korszanowsky die schmerzliche Nachricht vom frühen Hinscheiden Deiner lb. Mutter und möchte ich Dir, wenn auch inzwischen schon mehr als anderthalb Jahre ins Land gegangen sind, mein tiefgefühltes Beileid aussprechen. Längst schon hätte ich mich mal gemeldet, weil ich doch immer noch sehr an Euch hing, das mußt Du mir glauben, fürchtete aber, daß Deine lb. Mutter doch nicht das rechte Verständnis für mich aufbringen würde, nachdem wir uns damals ja etwas unharmonisch getrennt hatten. Dabei hätte Hilda bestimmt nichts dagegen gehabt – sie weiß ja, was Deine lb. Mutter in den schweren Nachkriegsjahren alles für mich getan hat, und das werde ich ihr bestimmt nicht vergessen, lieber Paul, das ist doch selbstverständlich. Wir wollen die liebe Verstorbene nun in Frieden ruhen lassen, und hoffe ich doch, daß es Dir gut geht, auch mit dem Magen, und daß Du inzwischen die richtige Lebenskameradin gefunden hast, was ich ja Gottseidank auch von mir behaupten kann. Wenn Du einmal in die Gegend von Kassel kommst, dann mache doch einen kleinen Umweg über unser schönes Arolsen, es lohnt sich wirklich, allein das prächtige Schloß ist eine Sehenswürdigkeit. Wir haben uns hier ein hübsches Häuschen gebaut, Hilda hatte das Grundstück geerbt, im Bungalowstil mit Terrasse und Ölheizung und schönem Ziergarten (863 qm), wo ich noch sehr rüstig tätig bin, während Hilda immer noch – wenn auch jetzt nur noch halbtags – an der Kasse sitzt; denn so üppig ist meine Pension ja auch wieder nicht. In diesem Zusammenhange möchte ich Dich, lieber Paul, daran erinnern, daß in der Hinterlassenschaft Deiner lb. Mutter bestimmt noch das Ölbild von Herrn und Frau Dr. Rosen war (im Kirschbaumrahmen), welches ich Deiner Mutter seinerzeit leihweise überlassen hatte, und wäre ich Dir sehr dankbar, wenn Du es mir jetzt schicken würdest (als Wertpaket; für Verpackungs- und Portokosten komme ich selbstverständlich voll auf). Du wirst Dich bestimmt noch erinnern, daß ich immer sehr großzügig war, wie es in unserer schlesischen Heimat seit jeher Sitte und Brauch gewesen ist, und wir leiden gewiß keine Not, seitdem ich meine Pensionsansprüche voll durchgesetzt habe. Andererseits wirst gerade Du, der Du beruflich täglich mit Geld und Geldeswert zu tun hast, bestimmt verstehen, wenn jeder das Seine zusammenhält, zumal ich auch an Hilda denken muß, die ja fast zwanzig Jahre jünger ist als ich, und außerdem war mir das Bild immer eine sehr liebe Erinnerung an die verlorene Heimat und an das Haus, in dem ich mit meiner ersten Frau so glückliche Jahre verleben durfte. Als Deine lb. Mutter und ich seinerzeit auseinandergingen – Du weißt bestimmt noch, wie schwer mir das damals gefallen ist, nach allem, was wir zusammen erlebt und erlitten hatten in Freud und Leid –, konnten wir uns leider nicht einig werden, in welcher Form ich das Bild in Euren Haushalt eingebracht hatte, leihweise oder schenkungsweise, und ich wollte damals nicht gern mit Rechtsanwalt und Gericht kommen, weil ich schon immer ein friedlicher Mensch war, und Hilda wollte das auch nicht, das darfst Du mir glauben. Andererseits sollten wir aber jetzt doch endlich Ordnung zwischen uns machen, zumal ich inzwischen auch einen eindeutigen Beleg für meine Rechtsauffassung gefunden habe, daß das Bild mir gehört, nämlich einen handschriftlichen Brief Deiner lb. Mutter vom

5.4.47. Deshalb wäre ich Dir für eine gütliche Regelung im o.a. Sinne und ohne unnötige weitere Streitigkeiten und Kosten sehr dankbar.

Du weißt, lieber Paul, wie sehr ich an Deiner lb. Mutter gehangen habe, und alles in allem hatten wir doch eine gute Zeit miteinander, unter den gegebenen schwierigen Umständen, als Untermieter usw., bitter war's ja für uns alle, wenn man die alte Heimat verloren hat und den eigenen Grund und Boden und sitzt mit nichts als zwei schäbigen Koffern bei fremden Leuten und findet keine Anstellung mehr, weil man nur seine Pflicht getan hatte als guter Deutscher. Deshalb habe ich damals ja auch geschwiegen, als Deine Mutter die Herausgabe des mir gehörenden Bildes verweigerte, zumal ich auch Rücksicht auf gewisse emotionale Bindungen Deiner lb. Mutter an das Bild und die Familie Rosen nehmen zu müssen glaubte, ich bin doch kein Unmensch, und kann ich nur hoffen, daß Du jetzt eine bessere Einsicht in die Rechtslage aufbringen wirst, wenn ich auf meinem unbezweifelbaren Anspruch bestehe. Neben dem Erinnerungswert, den mir keiner ersetzen und niemand bezahlen kann, stellt das Bild ja auch einen materiellen Wert dar, wie jeder Fachmann Dir bestätigen wird. Ein gewisser Ludwig Meidner, auch ein Jude, aber aus Schlesien gebürtig, hat es gemalt, und man würde heute wohl mindestens 800 DM dafür bekommen, jedenfalls von einem Liebhaber oder Sammler, obwohl die darauf abgebildeten Eheleute ja leider gestorben sind, ohne Nachkommen zu hinterlassen.

Lieber Paul, wir haben viele gute und böse Zeiten miteinander verlebt, und ich war stets nach Kräften bemüht, Dir Deinen Vater zu ersetzen, so gut ich das konnte, was mir, alles in allem, wohl auch gelungen sein dürfte, wenn es auch nicht immer leicht war, das darfst Du mir glauben. Ich weiß noch wie heute, wie Deine lb. Mutter mit dem Handkarren in Gießen am Bahnhof stand, Oktober 45 war das, und Du hocktest auf der Karre und konntest immer noch nicht wieder richtig gehen, so hatten die Polen Dich zugerichtet, was unsere Regierung heute nicht wissen will, die Verräter. Aber was waren wir froh, als wir uns damals wiederfanden, nach all dem Schrecklichen, was das Kriegsende über uns gebracht hatte. Wie gesagt, das werde ich ganz bestimmt nie vergessen, so wenig wie unsere verlorene Heimat, die ich als stellvertretender Kreisgruppenvorsitzender weiter lebendig erhalten werde bis zum letzten Atemzug.

Hilda läßt vielmals grüßen und schließt sich meinen tiefgefühlten Worten an. Sie hat auch viel von Deiner lb. Mutter gehalten und ist nie nachtragend gewesen, das darfst Du mir glauben, obwohl es damals ja leider nicht ohne Streit abging. Aber davon wollen wir nicht mehr reden. Ich selbst werde Deine Mutter stets in bestem Gedächtnis bewahren und Dich natürlich auch, lieber Paul. Sicher war es uns vom Schicksal bestimmt, daß wir dreizehn lange Jahre zusammenleben sollten, bis ich endlich meine wohlerworbenen Pensionsansprüche durchsetzen und damit wieder auf eigenen Füßen stehen konnte. Ich lege Dir einen 10-DM-Schein bei und bitte Dich, Deiner lb. Mutter einen schönen Herbststrauß aufs Grab zu legen.

In der Hoffnung, bald von Dir zu hören und mein Bild zurück zu bekommen, verbleibe ich mit den besten Wünschen für Dein ferneres Wohlergehen

Dein Onkel Berthold

NB. Hast Du eigentlich mal wieder etwas von Deinem Vater gehört? Würde mich doch sehr interessieren, was in Amerika aus ihm geworden ist.

Aber natürlich, sagte sie, natürlich gibst du ihm das Bild. Du wirst dich von dem doch nicht lumpen lassen!

Das siehst du falsch, sagte er. Onkel versucht nur wieder einmal mit allen Mitteln, zack zack – er versucht es eben!

Also ich würde das Bild zurückgeben.

Du – ja, das kann ich mir denken. Dabei hat er selbst es gestohlen, genau genommen, jawohl, und jetzt denkt er, das ist verjährt, und niemand fragt mehr danach. Wahrscheinlich hat ihm irgend jemand gesagt, daß ein Bild von Meidner heute hoch bezahlt wird – ich schätze mindestens 5 000 –, und da versucht er eben, ob er in mir nicht den Dummen findet.

Was war denn mit dem Bild?

Na ja, es war wirklich das einzige, was er damals gerettet hatte – alles andere hatten die Russen oder die Polen ihm abgenommen, wie das so ging damals. Vielleicht wollte er sich damit bei den Rosens lieb Kind machen, schließlich hatte er neun Jahre lang in Rosens Haus gewohnt und hatte nun Angst, jemand könnte ihn anzeigen. Als dann weiter nichts passierte – er wurde in zweiter Instanz als Mitläufer eingestuft, und von der Familie Rosen hat sich niemand mehr gemeldet –, da hat er das Bild meiner Mutter geschenkt, die die ganzen Jahre für ihn geschuftet hatte, als Putzfrau, das weißt du doch, während er zu Hause saß und Zigaretten drehte – Jahre hat es gedauert, bis der Gestank von dem Kraut aus der Wohnung war – und an seinen Eingaben und Beschwerden bastelte, mit denen er seine wohlerworbenen Rechte durchsetzen wollte. Und nun hat er also seine Pension und seine Hilda und sogar ein eigenes Haus, und beinahe hätte er sogar noch das Bundesverdienstkreuz bekommen, damals schon, für seinen unermüdlichen Einsatz für die Erhaltung ostdeutschen Kulturgutes, und jetzt will er auch noch das Bild wiederhaben. Also da – da mache ich nicht mit!

Vielleicht hast du recht, sagte sie. Aber lohnt das den Streit und den Ärger? Und wenn er den Brief als Beweis hat –.

Das ist kein Beweis, sagte er. Ich weiß ganz genau, daß er Mutter das Bild zum 40. geschenkt hat, 1948 also, kurz vor der Währungsreform, als man sonst nichts Vernünftiges kaufen konnte, und außerdem kostete ihn das ja keinen Pfennig, das Bild hatte auch bis dahin in unserem Wohnzimmer gehangen, es änderte sich also gar nichts, und Mutter war ganz gerührt.

Vielleicht solltest du mal mit ihm sprechen, sagte sie. Das muß doch zu klären sein, und schließlich war er damals ja wirklich so etwas wie dein Vater.

Und was für einer! sagte er. Zack zack.

Eines dieser Worte fiel ihm ein, ohne Zusammenhang, ohne Sinn: Wenn ich nicht für mich bin, wer ist für mich? Wenn ich nur für mich bin, was bin ich? Und wenn nicht jetzt, wann denn?

IV.

Die Unruhen in Westjordanien greifen auf Jerusalem über. DIE WELT. Pfarrersfrau wird Beihilfe im Fall Drenkmann vorgeworfen. UNABHÄNGIGE TAGESZEITUNG FÜR DEUTSCHLAND. Keine Totenmesse für einen Bombenleger. Fortsetzung Seite 2. POLITIK. Am Grabe von Meins rief Dutschke: »Holger, der Kampf geht weiter!« POLITIK. Israel heute: ein unerbittlicher Feind lauert an den Grenzen. NOCHMAL LASSEN SICH DIE ISRAELIS NICHT ÜBERRUMPELN. Wieder einmal scheint die Gefahr eines Kriegsausbruches gebannt zu sein. Die höchst explosive Lage aber bleibt bestehen. Nr. 270 DIE WELT. Die Israelis wollen den Frieden, und einige Araber sind des endlosen Krieges müde. 9 GELEGENHEITEN, DIE WELT ZU VERSCHENKEN. Die Lage wird weiter kompliziert durch die andauernden Bemühungen der Russen. BESTELLSCHEIN FÜR EIN WELT-GESCHENK-ABONNEMENT. Sollte es zu einem neuen Krieg kommen, kann man sich schon jetzt fast apokalyptische Szenen ausmalen. DIE WELT ZU VERSCHENKEN. BEZAHLUNG.

Sollte es Krieg: Sinnlos, dachte sie, sinnlos, grausam, verrückt, Apokalypse ohne Erlösung, ohne Hoffnung, *die Strategie der Stadt-um-Stadt-Zerstörung*, Auge um Auge, ohne Erbarmen, Stadt um Stadt, *Wer als erster angreift, hat enorme Vorteile*, solange es Kriege gibt, Menschen gibt, *Schnelles Vordringen in feindliches Gebiet ist Voraussetzung für den Erfolg*, welchen Erfolg, würde Vater fragen, welches Gebiet ist feindlich, *ein unerbittlicher Feind*, was wollen sie wollen den Frieden, *Die völlige Zerstörung des feindlichen Kriegspotentials*, sinnlos, solange an Waffen verdient wird, am Krieg verdient wird, ohne Erbarmen. Sie haben Angst. Strategie. Ohne

Erbarmen. Hoffnung auf Apokalypse. *DIE CDU KRITISIERT WERNER HÖFER.* Alle haben sie Angst. *Protest gegen Äußerungen von Jean Amery im »Internationalen Frühschoppen.« WÄHLEN SIE DIE WELT ALS GESCHENK.* Sie haben Angst, machen Angst, wissen nichts mehr vor Angst, und plötzlich sah sie wieder das dunkle, nervöse, gespannte Gesicht des jungen Mädchens, am ersten Abend der Reise, Open Dinner, die Flure und Gänge und Treppen des Schiffs waren gedrängt voll von seltsam erregten Menschen, Fremde, überall Koffer und Kofferstapel, Sprachenwirrwarr, hastende Stewards, die falsche Kabine, wieso, sorry, einpacken wieder, unverständliche Durchsagen aus dem Lautsprecher, Griechisch, Englisch, endlich die DO 2A, Innenkabine Dionysos-Deck, sogar mit zwei Unterbetten, Paul schwitzte und schimpfte, der Steward wartete stumm auf sein Trinkgeld, Paul ärgerte sich, zahlte, fremd alles, eng, der Aschenbecher gebraucht, eine zerdrückte Filterkippe, die Handtücher feucht, sie packte aus, ist ja egal, erstmal, räumte ein und um und weg, Paul ging hinaus, Luft schnappen, hier kann ich unmöglich, kein Mensch, überhaupt keine Luft in dem Kahn, das wird geändert oder, unmöglich, ich werde mich gleich beschweren, wo ist der Reiseleiter – kam schließlich zurück, kein Reiseleiter, wußte, das Schiff legt ab, jetzt, jeden Augenblick, komm, sie drängten die Treppen hinauf, wurden gedrängt, sorry, endlich an Deck, hierher, kommt mir bekannt vor, meinte Paul, irgendwie, hier geht es zum Sportdeck hinauf: Der Kai blieb schon unten zurück, die Abendsilhouette der Stadt Piräus, gedämpftes Licht auf den Wellen, na also, dann woll'n wir mal, erstmal was essen, auspacken können wir später, der Speisesaal liegt im Dionysos-Deck, wie unsere Kabine, paar Schritte, und durch die breit geöffneten Flügeltüren schob sich, wurde geschoben Touristen-Gemisch, sportlich englisch, amerikanisch farbig-kariert, ein deutsches Hellgrau-Kostüm, rotgesichtige Niederländer, laut, biegsame kleine Japanerinnen, Open Session, wo Platz ist, hier bitte, am besten da drüben, sie fanden Platz an einem Sechser-Tisch, drei Stühle waren besetzt, und sie ertappte sich bei der Feststellung: zwei Jüdinnen, eine Negerin – sie wollte das gar nicht denken, aber sie nahm es wahr, genau so: zwei Jüdinnen, eine Negerin. Die Negerin war ein kräftiges Mädchen von 20 oder 22, ruhig, ein breites, freundliches Mammi-Gesicht wie aus Onkel Toms Hütte, sie hielt die Speisekarte und sprach in zwitscherndem College-Amerikanisch zu ihrer Nachbarin, ihrer Freundin vielleicht: ein blasses, längliches, von einer fleischigen Kissinger-Nase bestimmtes Gesicht, das von einer überdimensionierten Nickel-Brille mit achteckigen Gläsern entstellt wurde.

Paul studierte die Karte: Magst du Suppe? Sie nickte, gleichgültig, hörte auf das Mädchen-Geschwätz in der hohen Tonlage, von dem sie kaum einen halben Satz begriff. Aber die andere Jüdin verstand sie, eine alte Frau, aus Lodz, dachte sie, oder aus Lemberg, weit hinter Lemberg vielleicht, Galizien: klein, rundlich, gebückt, mit scharfen, lebhaften Augen unter dem aufgesteckten grauen Haar. Sie versuchte ihr Schulenglisch, erfuhr: Jawohl, sie sei die Großmutter, sie habe ihre Enkelin eingeladen zu dieser Reise, zur Belohnung für die Graduierung vom College.

Dann kam der Steward, ein älterer, gesetzter Mann, ziemlich groß und etwas beleibt, ein griechischer Schankwirt, den es aufs Meer verschlagen hatte: nahm die Bestellungen auf, Suppe, ja, nein, nein, Fisch und Salat, bitte, nicht, Braten, dreimal, Gemüse, danke, Kartoffeln, nein, Kompott, Kuchen, frisches Obst der Saison. Tee oder Kaffee? Der Steward notierte gemächlich, vielleicht noch etwas unsicher, verschwand dann für längere Zeit, und als den Nebentischen schon der Salat gereicht wurde, trug er die Suppen auf, lauwarm. In diesem Augenblick stand die andere Negerin neben dem Tisch, sehr schlank, in einem weißen Kleid, anmutig. Hi! sagte sie und setzte sich, nickte beiläufig höflich zur Seite, nahm die Speisekarte und begann, auch sie in dem überakzentuierten College-Ton, mit den beiden Mädchen zu sprechen.

WÄHLEN SIE DIE WELT ALS GESCHENK! Sie erinnerte sich überdeutlich an das durchgebildete, straffe, dabei ungemein lebendige Gesicht, die glänzende, beinahe schwarze Haut, die großen Augen von tiefem Braun, trübem Weiß. Der Steward hatte die Suppe serviert und blickte selbstbewußt und befriedigt über den Tisch, seinen Tisch, trat dann zurück und wollte gehen, als die alte Frau ihn anrief, erstaunt: Die junge Lady wolle doch auch bestellen! Der Steward schien zuerst nicht zu verstehen, ließ sich aber einen Augenblick von der Geste der Frau halten, wartete, leicht vorn übergebeugt, hinter dem Stuhl der zuletzt

Gekommenen, als lausche er, steckte dann rasch seinen Notizblock ein und schlenderte fort, ohne sich umzusehen. Die Augen der alten Frau verengten sich.

Es war weiter nichts, sagte sie. Paul merkte zuerst gar nichts, und die Mädchen waren noch mit der Speisekarte beschäftigt, um irgendeine Diät auszusuchen. Es sah mehr nach einem Mißverständnis aus bis dahin, entschuldbar im Durcheinander des ersten Abends an Bord. Der Steward kam mit einer getürmten Ladung von Tellern und Schüsseln und Kannen zurück, ordnete alles auf dem Beistelltisch und begann dann auszuteilen: fünf Portionen gegrillten Fisch – besser gesagt: Er teilte zu. Den ersten Teller erhielt ich, dann kam Paul, dann die alte Jüdin – sie wehrte ab, sie habe das nicht bestellt! –, endlich die Enkelin, die ebenfalls keinen Fisch essen wollte, und zuletzt schob er den beiden dunklen Mädchen je einen Teller zu. Es war nicht so, daß man sich hätte beschweren können. Doch wie der Steward die Teller nahm und sie den beiden hinstellte, beinahe hinwarf, zum Fraße, dachte ich, das war, unter der eingefahrenen Kellnerhöflichkeit, verächtlich, anmaßend, böse.

Paul aß schon, er fand den Fisch ganz ausgezeichnet, und er hatte gar nichts bemerkt. Sonst hätte er sicher auch nichts gesagt. Aber er sah, wie die Negerinnen zu essen begannen, mit Messer und Gabel, und wie er nun einmal ist, er ist eben immer für Regeln, Vorschriften, Ordnungen: deutete er auf die Fischbestecke neben den Tellern und bemühte sich zu erklären, hier in Europa, in old Europe, you know, pflege man Fischgerichte mit solchen besonderen Bestecken zu essen, only for fish, und er machte sogar vor, wie Fischmesser und Fischgabel besonders geeignet seien, den Fisch zu zerlegen. Der Steward war inzwischen mit der Salatschüssel gekommen, gab mir davon und auch Paul, und dabei sagte er, plötzlich auf deutsch: Dieses Pack! Die wissen doch nichts, gar nichts!

Die Mädchen hatten die Worte nicht verstanden, wohl aber den Ton: blanke Verachtung. Die Mammi-Negerin aß weiter, als sei nichts geschehen. Aber die andere, ihre Freundin, schob den Teller von sich wie Gift, und ich sah, wie ihre langen, schmalen Hände zitterten. Am meisten betroffen schienen aber die beiden Jüdinnen zu sein: Es war, als spreizten sie unsichtbare Federn und Klauen. Was will er? fragte die alte Frau in einem jiddischen Deutsch. Was hat er gesagt?

Paul versuchte zu besänftigen: Nichts, gar nichts – es war wegen des Fisches: This fish, sagte er, ist very good, delicious!

Indessen häufte der Steward scheinbar gleichmütig den Mädchen Salat auf die Teller und tat jeweils einen Löffel voll dicklich grüner Käsesoße dazu. Das Mädchen mit der Nickelbrille protestierte: O no, I don't like this – I would like Russian dressing, please. Der Steward setzte eine Miene auf, die gar nichts und alles bedeuten konnte, antwortete nicht, holte aber von einem Nachbartisch eine silbrige Sauciere, und dann schaufelte er die dickflüssige rosa Soße auf den Teller des Mädchens, fünf, sechs Löffel voll, viel zu viel – OK?, fragte er schließlich und, wieder auf Deutsch: Zufrieden, mein Fräulein?

Wir haben dann auch nichts mehr gegessen, nur noch etwas Dessert und Früchte, als die Amerikanerinnen schon gegangen waren. Ich glaube, sie haben sich nicht einmal beschwert. Verstehst du?, sagte die alte Frau zu Paul. Du verstehst?

Wir haben Ihre Ferien-Residenz vorbereitet.

»Ferien-Reszidenz« – darunter verstehen wir nicht nur Ihr Schiff mit all seinen Sport-, Erholungs- und Unterhaltungs-Einrichtungen. Dazu zählt jeder Hafen mit seinem landestyptschen Flair. Und vor allem die vielen, abwechslungsreichen Ausflüge zu den interessantesten Sehenswürdigkeiten.

Wir haben aber nicht nur alle technischen und organisatorischen Vorbereitungen getroffen. Wir können Ihnen auch versichern, daß sich die Betreuer, die Hafenagenten, die Kapitäne und ihre Mannschaft darauf freuen, Ihnen gute Gastgeber zu sein!

Wenn Sie heute oder morgen Ihren Erholungsurlaub buchen, müssen Sie sich auf die Angaben dieses Prospektes und auf die Empfehlungen und Erklärungen Ihres Beraters im Reisebüro absolut verlassen können.

Das ist gar nicht so selbstverständlich.

Denn schließlich besitzen wir keine eigenen Schiffe. Und die Mannschaft zählt nicht zu unseren Angestellten.

Dennoch können wir Leistung und Service garantieren.

Die Farbe des Aktendeckels, zuerst ein sattes, vergnügtes Kindergelb, schien alt geworden in diesen Monaten, dünn, verblaßt. Mehr als acht Wochen lang hatte der Vorgang TSS ATLAS zunächst bei ihm zu Hause gelegen, auf dem zweiten Bord des Wohnturms am Fenster. Die Sonne hatte die Pappe ausgeblichen, in der, zusammen mit den Durchschlägen seiner Briefe, die bunt strahlenden Prospekte lagen sowie die gedrechselten Antwortschreiben der Reisegesellschaft, zuletzt auch der sorgfältig verklausulierte Brief der Herren Rechtsanwälte: »Wenn Sie der Rechtsauffassung sind, daß Ihnen irgendwelche Schadenersatzansprüche gegen unsere Mandantin zustehen, müssen wir Sie auf den Rechtsweg verweisen. Entsprechende Prozeßvollmacht ist uns erteilt. Mit vorzüglicher Hochachtung!«

Er hatte lange gezögert, den gelben Aktendeckel mit in die Bank zu nehmen, ihn auf den wachsenden Stapel Unerledigt zu legen und seinen Inhalt damit gleichsam zu einer Frage erster Ordnung aufzuwerten. Am Anfang war nicht mehr gewesen als ein nicht unfreundlicher Brief an die Veranstalter der Reise, die, wie er meinte, ihre glänzenden Prospektversprechungen nicht vollständig eingelöst hatten: Hinweise vor allem, Anregungen, auch einige ins einzelne gehende Beschwerden, aus denen sein Mißmut sprach. Der Ärger entzündete sich meistens an Kleinigkeiten, unnötigen Mißhelligkeiten, die ohne großen Aufwand hätten vermieden oder abgestellt werden können. Im übrigen hatte seine Verärgerung, die sich in den Monaten nach der Reise immer mehr steigerte, mit ihm selbst zu tun: Er rechnete aus, daß die Reise im ganzen doch wesentlich teurer geworden war als angesetzt und veranschlagt, und vor allem war sie eigentlich unnötig gewesen: Nichts war geklärt mit Lo, nichts entschieden, und es ging ihm gar nicht gut nach der Heimkehr.

Man kann sich, sagte er, jawohl, man soll sich nicht alles gefallen lassen, ich jedenfalls nicht, das müßtest du wissen, ich lasse mich nicht mehr schlagen. Wieso? Ach was, nur so. Natürlich – aber natürlich war es schön, das ist doch gar keine Frage, wunderschön eine Reise mit dir, ganz anders, als wenn man allein reist, antwortete er, als Lo meinte, es sei doch, alles in allem, sehr schön gewesen, ihr habe die Reise gefallen. Er dachte allerdings auch daran, daß das Reisen für ihn früher nicht nur viel billiger gewesen war, sondern auch aufregender, spannender, farbiger an Begegnungen, Anita und Beryll und Kathy, damals, und wie hieß noch die holländische Studentin, die immer barfuß tanzte – Cilly?

Deswegen, sagte er entschieden, könne man den Leuten, die gut daran verdienten, nicht alles durchgehen lassen, man habe einen eindeutigen, sogar einklagbaren Anspruch auf die ausgeschriebenen Leistungen, die ohne Abzug erbracht werden müßten, ausgenommen in den Fällen höherer Gewalt, was hier aber offensichtlich nicht zugetroffen habe. Wir haben voll bezahlt, sagte er, sogar noch einen ohne vorherige Ankündigung erhobenen Zuschlag wegen der Ölpreiserhöhung, und also hat der Vertragspartner uns auch den vollen Gegenwert zu liefern.

24. März 1974

Sehr geehrte Herren!

Nachdem ich von der Reise »Mit TSS ›ATLAS‹ Pyramiden, Tempel, Minaretts« (Ihr Katalog S. 35 – 37) zurückgekehrt bin, möchte ich nicht versäumen, Ihnen einige kritische Anmerkungen zukommen zu lassen, die vielleicht für Sie und Ihre künftigen Planungen, vor allem aber für Ihre Gäste und deren Wohlbefinden von Nutzen sein können.

1. Ihr Herr Wolfgang Edler von der Werbeabteilung schreibt in Ihrem Prospekt 73/74, er sei für Nüchternheit und nicht für Werbepoesie. Leider verbreiten Sie aber doch solche »Werbepoesie« bzw. sogar sachlich falsche Angaben. Falsch war z. B. Ihr Hinweis »Deutschsprachige Reiseleitung an Bord«, jedenfalls in dem Sinne, wie der normale Leser das versteht. Zwar ist einzuräumen, daß während unserer Reise eine holländische Reiseleiterin an Bord war, die, wie ich zufällig erfuhr, auch deutsch sprach. Diese Dame hatte aber mit unserer Reisegruppe nicht das geringste zu tun, hatte auch keinen Auftrag, sich um uns zu kümmern, kann also mit Ihrer Formulierung »Deutschsprachige Reiseleitung an Bord« nicht gemeint gewesen sein, zumal ich Ihnen nicht unterstellen möchte, Sie hätten mit Ihrem Text – fett gedruckt! – versucht, das Fehlen einer eigenen Reiseleitung zu umschreiben. Tatsächlich gab es jedenfalls für Ihre Gäste überhaupt keine Reiseleitung, wie Sie selbst am besten wissen dürften, und dieser Umstand war ein wesentlicher und entschei-

dender Mangel: Eine gute Reiseleitung ist – das brauche ich Ihnen gewiß nicht zu erklären – Voraussetzung für den befriedigenden Verlauf einer solchen Gruppenreise, und das besonders dann, wenn, wie hier, der Bord-Service und die Organisation an Bord unzulänglich sind.

Asche, Zigarettenasche: Es stank. Im ersten Augenblick sah er nichts, merkte nichts, spürte nur Unbehagen, Erschöpfung, Widerwillen. Das Licht erschien ihm trübe: Innenkabine, kein Fenster, natürlich, keine Sonne, zwei schmale Betten, ein enger Gang, eintausend Mark gespart. Er setzte sich auf die Couch links, warf die Jacke von sich, lehnte sich weit zurück, starrte gegen die Decke, in das Deckenlicht. Es stank. Lo zog den zweiten Koffer in die Kabine, im Grunde alles zu knapp, zu klein, aber billig. Hast du ein Trinkgeld? Er suchte in den Jackentaschen, richtete sich auf, fand schließlich eine blanke Mark, viel Geld, viel zuviel, gab sie dem Steward an der Kabinentür. Dann sah er den Aschenbecher auf der Kommode: eine zerdrückte Zigarettenkippe, Asche, strohige geschwärzte Tabakreste. Onkel. Deswegen stinkt es hier so, sagte er, beinahe befriedigt, daß er schon wieder einen Mangel festgestellt hatte. Das ist doch eine maßlose Schweinerei – da! Er reichte Lo den Aschenbecher mit spitzen Fingern hin, sie schüttete ihn in den Abfalleimer aus. Nein, sagte er, nicht! Natürlich gleich in die Toilette! Sonst stinkt es ja weiter.

Zu spät, alles zu spät, beschlossen, bestellt, bezahlt, sogar noch den Zuschlag, jetzt mußte das durchgehalten werden, ausgehalten in diesem Loch, das nach Zigarettenasche stank. Das ist doch unglaublich!, begann er noch einmal. Da findet man endlich seine Kabine, nachdem man vorher dreimal falsch eingewiesen wurde, allein diese Desorganisation, typisch Balkan, und nirgendwo ist ein Reiseleiter, an den man sich halten kann, und dann ist die Kabine schon dreckig, wenn man hereinkommt, noch nicht mal der Aschenbecher geleert!

Aber sonst ist doch alles in Ordnung, sagte sie. Vielleicht war nur jemand hier, der auch einen falschen Kabinenschlüssel bekommen hatte.

Eben!, sagte er. Das ist es ja, was ich sage. Totale Desorganisation. So etwas dürfte einfach nicht vorkommen.

Asche: Gestank. Gestank wie nach Onkel, damals. Im Wohnzimmer, Schlafzimmer, Flur, sogar auf der Toilette roch es nach Onkels Zigaretten, aus Pfeifentabak gedreht, krümelig, billig, und noch Jahre dann, Jahre danach der Gestank. Das kann man nicht auslüften. Das muß man vergessen. Aber vergiß mal, vergiß das: Halt bloß die Klappe, mein Junge. Das kannst du noch gar nicht beurteilen. Sitz grade. Ich hau' dir einen hinter die Löffel. Zack zack, mein Junge. Hier wird pariert. Das wirst du noch lernen, mein Junge. Wir haben schon ganz andere fertiggemacht. Das kannst du doch überhaupt nicht beurteilen. Ach was, halt den Mund, halt das Maul, halt die Klappe. Zack zack! Asche, Tabakstroh, versengtes Papier. Hier wird nicht geraucht, bei mir nicht, verstehst du? Verstehst du mich nicht?

2. In den vergangenen Jahren habe ich hinlängliche Erfahrungen mit und auf Seereisen sammeln können, u. a. auf einer 87tägigen Reise um die Welt (1966) mit dem holländischen Passagierschiff »Ryndam«, das jetzt als »Atlas« unter griechischer Flagge fährt. Sie werden mir daher wohl ein abgewogenes Urteil zubilligen: Auf keinem anderen Schiff habe ich eine so mäßige Organisation und einen so unzulänglichen Service gefunden wie auf der »Atlas«. Das mag zum Teil daran liegen, daß die von mir gebuchte Reise offenbar die erste in dieser Saison gewesen ist. Ob Dienen und Dienstleistungen dem griechischen Volkscharakter nicht so sehr entsprechen, wie unter Mitreisenden diskutiert wurde, die mit dem Bordservice sowenig zufrieden waren wie ich, stelle ich anheim. Auf jeden Fall dürfte es stark übertrieben sein, wiederum ein Fall von »Werbepoesie«, wenn Sie in Ihrem Prospekt »höchsten Standard an ... Komfort« ankündigen. Richtiger wäre m. E. gewesen, wenn Sie darauf hingewiesen hätten, man möge an den Service keine besonderen Anforderungen stellen. Mir – und eben durchaus nicht nur mir allein – fiel immer wieder auf, wie mürrisch die Bedienung war, und auf Klingelzeichen z. B. kam während der gesamten Reise niemals ein Steward in unsere Kabine! Mehrmals hatte ich Veranlassung, um Hilfe zu bitten, erhielt diese Hilfe aber nie, so daß z. B. die Splitter eines zerbrochenen Wasserglases bis zum Ende der Reise im Teppichboden steckten, zumal unsere Kabine entweder gar

nicht oder nur sehr oberflächlich gereinigt wurde. Die alte »Ryndam« war zwar, wie Ihnen bekannt sein dürfte, recht viel bescheidener ausgestattet als die »Atlas«, bot dafür aber einen unvergleichlich besseren Service.

Und er war 33 damals, wurde gerade 33 in diesem Jahr, auf dieser Reise rund um die Welt, erst 33, noch jung: Am 11. April die heiße Geburtstagsparty in der Bootsdeck-Lounge der »Ryndam«, cheers, irgendwo zwischen Los Angeles und Acapulco, was kostet Champagner, 33, was kostet die Welt, happy birthday to you, Kaviar, Käsegebäck und Mumm, sogar der Commander erschien noch gegen 11 in der weißgoldenen Tropenuniform, Madam Matthias im seidenen Abendschal mit Löwenmotiven, billig gekauft in Colombo, geriet in Verzückung. 33 und jung, noch jung und etwas betrunken, vom Tonband immer noch einmal das unvergleichliche Yesterday, dreimal cheers, Yesterday, zuletzt wurden nur noch Witze erzählt, die Wirtin, der Inder, der Rabbi, da war Frau Matthias schon wieder gegangen, aber Sheryll aus Wellington blieb bis zuletzt, obwohl sie keinen Witz verstand, blaß und schlank und rothaarig, und natürlich der dicke Reiseleiter Herder und der Botschaftsrat a. D. und der Schiffsarzt und Anita aus München, Küßchen, Kinder, 33 ist eine runde Zahl: einmal gewonnen, dieses eine Mal wirklich der Erste, der glückliche Sieger im Spiel, wer den Taler nicht ehrt, seine Mutter hatte die Lösung eingeschickt: WIEVIEL KUPFERPFENNIGE ENTHÄLT DER GLASBOTTICH IN UNSERER SCHALTERHALLE? – das große Spar-Spiel, an morgen denken, an übermorgen, jeder kann teilnehmen, jeder, auch Mutter, und für den Gewinner die Traumreise rund um die Welt, machen Sie mit, beginnen Sie heute zu sparen, 87 Tage rundum mit der »Ryndam«, rundum, und ein Tag doppelt, ein Tag geschenkt, ein Tag zweimal gelebt, einmal gespart: der Tag an der Datumsgrenze, nicht zu vergessen, der 22. März 1966 im heißen blauen Stillen heißen Ozean, zweimal der 22. März, und niemand hätte bemerkt, wenn sie den 22. März dreimal begangen, dreimal gefeiert hätten mit Lido-Lunch an Deck und Shuffle-Board auf dem Sportdeck oben und Bridge und Bingo und Cocktail-Musik am Abend und Kino und Walzer und Whisky und Bloody Mary und um Mitternacht noch belegte Brote: rund um die Welt in 87 Tagen, umsonst und gezählt und gespart, der Glückspilz mit 33 (seine Mutter hatte gewonnen, kein Mitarbeiter der Kreissparkasse), der Sieger: Jetzt geht es aufwärts und weiter mit 33, man muß nur mal soll nur ich will, und nachts stand Henk noch vor der Kabine, der Steward Henk mit den sanften Augen seiner malaysischen Mutter, schlank und sicher und selbstverständlich zu Diensten, mit immer dem gleichen Lächeln, Erbe einer uralten, unbegreiflichen Freundlichkeit, die immer da war, unermüdlich wie Henk. Und Cheryll kam mit, einen Augenblick nur, aber Mom wartet doch, einmal nur, einen Augenblick nur in meiner Kabine, zum 33., aber Mom wartet, hab dich nicht so, heute ist heut: Sie ließ sich küssen, du, und mehr, du, aber, sie wurde starr unter seinen Händen, trocknete ein, wich zurück, please, sie zog die Lippen ein, starrte ihn ängstlich an, plötzlich schien sie Jahrzehnte älter: So würde sie aussehen in zwanzig Jahren, wie ihre Mutter, geschieden, mißtrauisch, kalt, sie würde sich rächen für ihren Vater und alle Männer, die sie verlassen hatten, die sie nicht wärmen konnten, nicht halten konnten: Hysterisch, sagte er in den Spiegel, als sie gegangen war, hysterische Ziege, und er hatte Mühe, die winzigen Splitter ihres Lippenrots aus dem Gesicht zu wischen. Mitternacht gleich, das war der 33., war schon gewesen, und er ging hinauf in die Bar und fand Anita, auch gut.

3. Zur Ausstattung der »Atlas« darf ich bemerken, daß das Schiff m. E. mit Geschick und Geschmack umgebaut und neu eingerichtet worden ist. Allerdings verbreitet Ihr Prospekt auch in dieser Hinsicht wieder »Werbepoesie«, Behauptungen nämlich, die durch die gegebenen Tatsachen nicht oder mindestens nicht voll bestätigt werden. So trifft es zwar zu, daß die »Atlas« mit einem »Kino mit 300 Plätzen« ausgestattet ist; Ihr Prospekt läßt aber unerwähnt, daß in diesem Kino keine Filme vorgeführt werden, jedenfalls nicht während unserer Reise! »2 große Swimmingpools« werden von Ihnen angekündigt: Der an Oberdeck war aber während unserer Reise nicht einmal mit Wasser gefüllt, vermutlich, weil die Temperaturen ein Bad unter freiem Himmel noch nicht für jedermann angezeigt sein ließen, während der zweite Pool unter Deck nur an einem einzigen Tage benutzt

werden konnte – entweder war die Anlage noch nicht ganz fertiggestellt oder sie war schon wieder defekt. Die von Ihnen aufgeführte »Bücherei« besteht aus zufälligen Restbeständen fast ausschließlich holländischer Bücher aus der Bibliothek der früheren »Ryndam«. Die angepriesene »Einkaufsstraße« ist ein einziger kleiner Shop mit zollfreien Waren und gängigen Andenken fragwürdigen Werts. Die »Internationale Tanzkapelle« schien mir griechischer Nationalität zu sein; allerdings konnten sich die vier Herren nur selten darauf einigen, was sie spielen wollten – das musikalische Ergebnis war entsprechend. Die »individuelle Klimaanlage« war nur an einem einzigen Tag der Reise in Betrieb, jedenfalls in meiner Kabine, die als Innenkabine naturgemäß besonders auf das Funktionieren der Klimatisierung angewiesen war; im übrigen gab es nur eine Lüftung, deren Wirkungsgrad vor allem an heißen Tagen – wie in Haifa – völlig unzureichend war. Beschwerden fruchteten gar nichts, ich wurde nur immer wieder vertröstet. Individuelle Anpassung jedenfalls gab es nicht, so daß ich während einer krankheitsbedingten Bettlägerigkeit einem Infarkt nahe war. »Höchsten Komfort« konnte ich auch darin nicht finden, daß zwar täglich die Handtücher gewechselt wurden, daß wir aber nie wirklich frische Handtücher erhielten: Offenbar ist die Trockenanlage des Schiffes nicht ausreichend dimensioniert, so daß die Handtücher immer etwas feucht waren und moderig rochen. Den beinahe unglaublichen Schmutz, der aus dem Schornstein über die Decks sprühte und nicht nur die Liegestühle, sondern auch die Kleidung der Reisenden verunreinigte, erwähne ich nur am Rande, obwohl ich der Meinung bin, daß solche technischen Pannen selbst bei bescheidenen Ansprüchen an Komfort unzumutbar sind.

Die Liegestühle leuchteten in kräftigem Orange, vollem Gelb.

Aber schon früh am ersten Morgen entdeckte er die Flecken: klein gesprenkeltes Schwarz, Ruß, Teer, haftender Dreck. Lo lag in der Sonne an diesem Vormittag vor der Landung in Kreta, die Augen geschlossen unter dem Kunststoff-Schutz. Aber dann zeigte er ihr: Überall kleine teerige Punkte, wie Ungeziefer, und wenn der Wind die Rauchfahne aus dem blauen Schornsteinriesen auf das Deck herabdrückte, breitete sich das Übel weiter aus, wie

Symptome einer namenlosen Seuche, einer unheimlichen Schmutzkrankheit, die unerwartet hereingebrochen war in die sonnenblanke Prospektwelt.

Zuerst wollte er einfach nicht glauben, was er sah. Er wischte, er rieb. Nichts half: Die schwarzen Sprenkel hafteten, fraßen sich ein in den Stoff. Er begann zu schimpfen, leise erst. So ein Dreck – so was! Unglaublich. Er fluchte: So eine Sauerei! Laut beschwerte er sich beim Decksteward: Das ist doch – also das ist doch –! Aber der Mann antwortete nicht, hob die Schultern: Was konnte er tun? Er konnte nichts tun, niemand konnte etwas dagegen tun, nicht einmal der Schiffsingenieur mit den goldenen Ärmelstreifen, selbst der Kapitän war machtlos: Die Flecken vermehrten sich ständig, breiteten sich aus unter der Sonne, im Wind, über das blühende Orangerot, das strahlend Ei-Gelb der Liegestühle, sie zeichneten sich ein in Shorts und Blusen und Hemden. Vorsichtig setzte er sich auf die Kante des Liegestuhls neben Lo, nachdem er vergebens versucht hatte, den Stoff mit dem Taschentuch zu säubern, stützte den Kopf in die Hände: Nichts half, nichts. Sie waren gezeichnet. Mutter wischte und wischte, aber das Dach war abgebrannt, die halb verkohlten Balken hielten nichts mehr, es regnete durch die Zimmerdecke, die schmutzigen Tropfen waren überall, auch in seinem Bett, Brandgeruch, Brandgestank, das war für immer vorbei und niemals wieder ein heiles Dach über dem Kopf, nie wieder ein eigenes Dach, ein Haus. Mutter wischte und wusch gegen den Schmutz, ich weiß nicht mehr weiter, verzweifelt, nichts hilft mehr, Jungchen, ich kann nicht mehr, kann nicht, ich bin am Ende, Jungchen, wirf doch den Aschenbecher – nicht, nein, nicht fortwerfen, vielleicht brauchen wir ihn eines Tages, man kann ja nicht wissen, Jungchen, und sie wusch und wischte und tropfte Fleckenmittel über die dunklen Punkte, die Onkel hinterlassen hatte im Sesselbezug, auf dem Teppich, sie bürstete, scheuerte, klopfte, kratzte an den Flecken herum, die endlich matt wurden, blaß, aber der Stoff war dünn geschlissen, nichts half, das bleibt nun für immer, Jungchen, am besten nicht hinsehen, wir lassen die Sessel mal neu beziehen, ich mag sie sowieso nicht mehr sehen, verstehst du, nicht so, mit den Flecken, dem Dreck. Onkel mit der entgiftenden Zigarettenspitze, in den auswechselbaren Filtern sammelte sich der braune, stinkende Teersaft, jeden Tag widmete Onkel eine halbe Abendstunde der Säuberung seiner Gesundheitszigarettenspitze, kratzte das Mundstück sauber, zog blaue Pfeifenreiniger hindurch, wechselte die Patrone aus, verbreitete dabei den scharfen Geruch von Teer und verbranntem Dach, und kleine Schmutzreste blieben zurück auf Teppich und Sessel: Nichts half dagegen, nichts. Verzweifelt: Es hat keinen Sinn, sagte er, hier kann man nicht sitzen, schon gar nicht liegen, in diesem Dreck, hier kann ich nicht bleiben.

Ich nehme morgen ein Handtuch mit, sagte sie. Zum Draufliegen. Dann geht es schon.

Bitte sehr, sagte er, bitte, bitte! Ich jedenfalls lasse mir das nicht bieten, so einen Dreck.

Hochachtungsvoll!

V.

Wann das gewesen war: 1930, wann das gewesen sein konnte: gestern, eben, in diesem Augenblick, für immer gewesen, doch nicht vergangen: sie dachte nicht daran. L. M. 1930.

Sie sah nicht, daß der Mann einen dunklen Anzug aus weichem Stoff trug, eine dunkle Krawatte, bürgerlich; daß er vor einem undeutlichen, grünlich und gelblich und bräunlich schattierten Hintergrund gemalt war, ortlos; daß er alt war und müde, mit schütterem Haar, mattgrauem Spitzbart – so alt war Vater niemals geworden –, daß er eine leichte Brille mit halben Gläsern trug. Sie sah das und sah es nicht, vergaß das sofort vor dem Gesicht, vor den Augen in diesem Gesicht, der Trauer in den Augen. Niemals geweint, vielleicht; immer geweint. Der Mann war so durchdrungen von Trauer, so gesättigt von Schwermut, Bitterkeit, Schmerz, und aus den dunklen Augen, die von den Lidern halb überdeckt waren, sprach die kühle, klare Skepsis eines Menschen, der es aufgegeben hat, an Lösungen zu glauben: Sie konnte ihn nur ansehen, immer wieder. Sie glaubte ihm ohne ein Wort. Er wußte mehr. Er war allein. Selbst die Frau neben ihm, seine Frau, war kaum gegenwärtig, obwohl sie, vor dem gleichen Hintergrund von bewegten herbstlichen Farbtönen, mit ihrem unruhigen Blick nicht fortzudenken war aus dem Bild. Er war nicht unruhig, nicht mehr: Er war gelassen, am Ende. Vater. Es war schon niemand mehr bei ihm.

Ja, sagte er, das ist es also, das Bild. Rechtsanwalt Dr. Rosen und Frau. Ein Doppelporträt. Er war wohl ziemlich viel älter als sie. Wie findest du es? Sie muß mal sehr schön gewesen sein, früher.

Eigentlich sind das zwei Bilder, sagte sie.

Na ja, sagte er. Aber es hat schon seinen Wert.

Natürlich, sagte sie.

Der Mann sah sie unverwandt an. Er hatte alles schon vorher gewußt, 1930, Haß, Fremde, Tod. Die Frau sah zur Seite, unstet; sie war nicht gelassen, nicht weise, war nicht einmal schön. Ungleichmäßig waren ihre Gesichtszüge, gespannt, die großen Augen mit einem Ausdruck unbestimmter Erwartung, Furcht vielleicht vor dem, was sie noch nicht erkennen konnten. Auf den ersten Blick schien es, als sähe sie zu dem Mann hin. Aber es war ganz deutlich: Sie nahm ihn nicht wahr, sie sah an ihm vorbei. Vielleicht hatte sie noch Hoffnung gehabt. Vielleicht hatte sie seine Trauer nicht mehr ertragen können. Ihre linke Hand war ängstlich in den Stoff ihres Kleides gekrampft.

Früher hing es in unserem Wohnzimmer, sagte er. Da schlief ich damals auch. Aber dann brachte Onkel von seiner ersten Mallorca-Reise, bei der er die Hilda kennengelernt hatte, so einen farbenfrohen Ölschinken mit, Fischerboote und Sommerblau und Santa Maria della Dingsda, ein freundliches Bild, das kam dann über die Couch, und eigentlich waren wir damals ganz froh, daß wir den Rechtsanwalt Dr. Rosen nicht mehr dauernd ansehen mußten, er wirkt nicht gerade vergnügt, finde ich, da hatte man immer ein schlechtes Gewissen. Mutter nahm das Bild dann in ihr Zimmer, irgendwie hing sie besonders daran, und da hängt es eben noch immer. Man sollte es einmal schätzen lassen, damit man Bescheid weiß und eventuell darüber verhandeln kann.

Würdest du es denn verkaufen?, fragte sie.

Er sah sie erstaunt an: Warum nicht?

Ja, sagte sie, warum nicht. Warum eigentlich nicht.

Das ist doch alles eine Frage des Geldes, sagte er, da soll man sich doch nichts vormachen. Man muß wissen, was einem so etwas wert ist. Wenn ich zum Beispiel 10 000,- DM dafür geboten bekäme: Selbstverständlich würde ich es verkaufen, und zwar sofort. Siemens-Aktien sind eben die bessere Anlage, soweit ich das übersehen kann, von Bildern verstehe ich einfach nichts.

Vielleicht irrst du dich?

Na ja, sagte er, das kann natürlich passieren. Das ist das Risiko. Vielleicht sollte man heute lieber Versorgungswerte kaufen, Badenwerk wurden empfohlen zu 85.

Die Zahlenreihe, rot: Er kannte sie längst, kannte sie bis zum Überdruß. Er wußte, es gab keine Lösung. Auch der billigste Taschenrechner war zuverlässig. Wieder tippte er die Zahlen, spielerisch: 11.4.33, sah sie leuchten: 00011. 4.33, ließ sie mit der Korrekturtaste verschwinden: 00000000 – gab dann noch einmal die Elf ein –: 11, dividierte zum wievielten Male durch 4 und weiter durch 33, las die Bruchzahl, sinnlos, er kannte sie auswendig: 0,08333333. Dahinter lag noch eine unendliche Kette von Dreien. Aber der Rest blieb unsichtbar, wirkungslos, solange er ihn nicht selber hervorholte aus dem Nichts, der Unendlichkeit. Er multiplizierte zurück, das alte, leidige Spiel: mal 33, mal 4, las das rote Ergebnis: 10,999999. Er wußte, es gab keinen Zweifel, keine Hoffnung: Nie wieder würde er so die Elf erreichen, bei jeder weiteren Rechnung konnte er nur noch mehr verlieren. Das war nicht zu ändern. Er hatte es ausprobiert, immer noch einmal, obwohl das Ergebnis für ihn schon vorher feststand, kinderleicht zu berechnen: hatte die Zahlen getippt und getippt, dividiert, multipliziert, hin und her, vor und zurück: Wenn die Brüche ins Dunkel hinter der letzten Stelle gerieten, gab es keine Sicherheit mehr, fand sich nicht wieder die runde, glatte, eindeutige Zahl – im Gegenteil: Die unbestimmte, unfaßbare Unendlichkeit fraß jeweils die letzte Stelle hinter dem Komma an, verzehrte mehr und mehr davon, nichts half: Aus 10,999999 wurde 10,999998, 10,999997, immer weniger, nur noch 10,999996, schon war das Ende abzusehen, auszurechnen. Keine Hoffnung: Das Computergedächtnis für die unterdrückte Unendlichkeit funktionierte einwandfrei. Verloren, zuverlässig: verloren.

Er schaltete ab. Verrückt: eine gleichgültige Zahlenkette, zufällig mein Geburtstag, 11.4.33, dividiert bis zum Nichts. Man soll das nicht tun. Man soll nicht spielen damit. Elektronenrechner sind gut für Dividenden, Steuerprozente, Summen, Renditen, Zinsen und Zinseszinsen. Unser Herr Lingner wird Sie fachkundig beraten. Das andere weiß man, aber man denkt nicht daran. Man darf nicht daran denken. Man soll nicht weiter rechnen als bis dahin, wo man noch abrechnen, in Mark und Pfennig bezahlen kann. Der Rest wird aufgerundet, abgerundet, egal. 11. 4.33. So ist das eben. Jeder muß zahlen. Wen kümmert schon, was am Ende bleibt? Ich habe gezahlt. Es bleibt nichts. Und wenn nicht jetzt, wann denn?

Er schob den kleinen Apparat zur Seite, nach links, zum Unerledigten hin: anderes zu tun, Besseres zu tun. Oben der blaue Aktendeckel, schon etwas ins Grünliche verblichen: anderthalb Jahre. Seit Mutters Tod. Soll ich noch weiter, soll ich nicht: Lohnt es sich noch? In der Woche nach Mutters Beerdigung, am 15. Mai 1973, hatte er den Bestellschein unterschrieben: 1 Marco Mobil, Wohnturm fahrbar, Kunststoff weiß, 1 Schrankeinsatz KL 65 mit Klappe und Schreibfach, 1 Zwischenplatte, 690 DM. Am 17. Mal, Freitag, war der Wohnturm geliefert worden, obwohl der 18. fest als Liefertermin vereinbart gewesen war; Schusters von nebenan hatten den Lieferschein unterschrieben, ohne Auftrag. Seine Mängelanzeige datierte vom 19. Mai 1973.

Der Wohnturm war hoch, schmal, offen, er wirkte leicht, beinahe grazil, eine Konstruktion aus Chromstahlträgern auf Rollen mit weißen Einsätzen, die ihn auf den ersten Blick gefangen genommen hatte: ein Spiel, wie ein Spiel aus Silber und Licht und Luft, offen nach allen Seiten und doch stabil, ein Haus für Träume. Später fragte er sich, ob es vielleicht Los Einfluß gewesen war. Sie hatten an diesem Nachmittag nach einer Blumenbank für Mutter gesucht, als Geburtstagsgeschenk, hatten schließlich auch etwas Passendes gefunden – ein niedriges Modell mit cremefarbener Kunststoffplatte, von einer breiten Messingleiste umrahmt, die spitzen Füße leicht ausgestellt –, und Lo hatte sich dann noch Polstergarnituren zeigen lassen, während er sich nach reduzierten Einzelstücken umsah. Da stand der Wohnturm: Du, sieh mal, sieh mal da!

Zunächst erschrak er – 690 DM, und auch die wiederholte Versicherung des Verkäufers – eines glatten jungen Mannes, der sich fast nur mit Lo unterhielt –, der Preis könne bestimmt nicht mehr lange gehalten werden, dieses besonders attraktiv ausgestattete Modell – sanft öffnete und schloß er die Klappe des Schrankfachs – sei ohnehin das letzte der Lieferung, bewegte ihn nicht zu einem raschen Kaufentschluß. Er werde das überdenken, meinte er, obwohl er spürte, daß er bei sich schon entschieden hatte. Der Wohnturm, der im Grunde gar kein Turm war, sondern ein aufrechtstehendes Gitter mit eingesetzten Fächern, faszinierend glatt und leer und Leere umschließend, schien ihm auf besondere Weise modern: dem, meinte er, müsse er sich aussetzen, sich stellen.

Später wurde er wieder unsicher. Er fragte sich, ob die technische Anmut des Möbels zu der braven Versandhauseinrichtung des Wohnzimmers passen würde, und als seine Mutter am anderen Tag den Wohnturm besichtigt und gar keinen Gefallen daran gefunden hatte: Aber Jungchen, so ein blankes Ding vor unserem schönen Palisanderschrank, und außerdem haben wir doch gar keinen Platz mehr!, war er überzeugt, daß sie recht hatte. Und ein Barfach haben wir doch auch schon!

Lo zuckte die Achseln, ein wenig hochmütig, schien ihm, vielleicht aber auch nur gleichgültig: Wie du meinst. Vielleicht paßt das Ding wirklich nicht ganz in eure Wohnung. Er wurde dann wieder schwankend, ging noch einmal allein in das Möbelhaus Sievert, um den Kauf unbeeinflußt zu überdenken, stand vor dem Wohnturm, den der Verkäufer mit scheinbar leichter Handbewegung ins Licht zog – später erst merkte er, daß die Beweglichkeit des Möbels stark eingeschränkt war durch das Gewicht der Konstruktion und den geringen Radius der Rollenräder –, sprach auch noch einmal vom Barzahlungsrabatt, ohne Erfolg: 3 Prozent Skonto sei das Äußerste bei der gegebenen Kalkulation, und er verabschiedete sich zuletzt, ohne einem Entschluß nähergekommen zu sein. Er gestand sich ein, vernünftig, daß dieser Wohnturm so ausgefallen wie – voraussichtlich – unpraktisch war, jedenfalls wenig rentabel im Verhältnis von Anschaffungspreis und Nutzwert, und außerdem war nicht abzusehen, wie er sich in das Wohnzimmer fügen würde, einen Raum von 4,5 mal 4,1 Meter, sozialer Wohnungsbau, mit einer breiten Fenstertür zum Balkon, beherrscht von dem mächtigen Wohnzimmerschrank in hochglänzendem Riopalisander und im übrigen ausgefüllt von einer Sitzgarnitur, die 1958 modern gewesen war, Couch und Sesselschalen auf dünnen, schräg angewinkelten Holzbeinen. Als Onkel fortgegangen war; als ich geschieden war, wieder zu Hause; als alles wieder schön sein sollte, Jungchen, gemütlich, zu Hause.

Er wußte selbst nicht zu sagen, weshalb er den Wohnturm dann doch gekauft hatte, wenige Tage nach Mutters Tod. Mit Lo hatte er nicht wieder darüber gesprochen. Aus eigenem Antrieb ging er am 15. Mai nachmittags in das Möbelhaus Sievert, bestellte rasch, ohne noch einmal zu zögern oder auch nur zu fragen, bezahlte die volle Summe, abzüglich 3 Prozent Skonto, mit einem Scheck, und einen Augenblick lang war er zufrieden: Er hatte entschieden, allein, hatte selbst einen Punkt gesetzt und dafür, was soll's schon, bezahlt, der umgitterte Traum war sein. Doch die Bedenken, die Zweifel kamen zurück. Am Freitagabend hockte er in der Ecke der Wohnzimmercouch, mit angezogenen Knien, und sah den Wohnturm feindselig an, den er am späten Nachmittag vor seiner Wohnungstür gefunden und nicht ohne Mühe durch den engen Flur ins Wohnzimmer geschoben hatte: 669,30 DM ausgegeben für ein Ding, dessen Gebrauchswert zweifelhaft war und das tatsächlich keinen Platz in dem Zimmer fand, an keiner Stelle. Häßlich, dachte er, sinnlos, fühllos, verchromte Spinnenbeine, geputzter Trödel, konstruiert für die Befriedigung von Kauflust und Zeigelust, eine moderne Vogelscheuche, Menschenscheuche für 669,30 DM. Er kroch in sich zusammen, in sich hinein: kein Zuspruch, kein Trost, Jungchen, keine Hilfe, und noch nicht einmal das Bestattungsunternehmen war bezahlt. Später rief er bei Lo an. Aber sie war noch nicht nach Hause gekommen. Es gab keine Hilfe. Er war hereingefallen, wieder einmal, er mußte das aushalten wie die anderen Schläge, Schläge immer wieder, ich weiß doch nichts, kann nichts dafür.

Dann sah er den Kratzer auf dem Zwischenboden. Er hatte das Oberlicht angeschaltet, suchte nach Mutters Schere, die immer in ihrem Schreibfach gelegen hatte: Da fiel ihm der dunkle Strich auf, der sich nicht wegwischen ließ – eine Schramme, ein Riß: eine Beschädigung, ganz offensichtlich, ein Schaden, ein Mangel, der objektiv eine Herabsetzung des Verkehrswertes des Kaufgegenstandes bewirkte, Paragraph 462 BGB: Ich kann eine Minderung des Kaufpreises verlangen, vielleicht sogar eine Rückgängigmachung des Kaufvertrages, das wäre das Beste, Mutter, dann wäre alles wieder gut.

Sorgfältig untersuchte er den Wohnturm von oben bis unter die Bodenplatte. Offenbar war dies das Ausstellungsstück gewesen: überall Handabdrücke, auch Schrammen an den Metallträgern, Druckstellen am Schrankeinsatz, dazu der auffallende Riß auf dem Zwischenboden, 15,3 Zentimeter lang, und auf der

Klappe fand er die Rückstände einer Flasche mit offenbar alkoholischem Inhalt, eine klebrige Kreisspur.

Als Lo anrief, war er schon wieder gehobener Stimmung: Die müssen den Wohnturm zurücknehmen, ganz eindeutig, da bleibt ihnen gar keine andere Wahl! Ich nehme das Ding in diesem Zustand nicht an, und eine Nachbesserung lehne ich grundsätzlich ab, zumal die Lieferung nicht termingerecht erfolgte und ich erst jetzt Gelegenheit hatte, die Schäden zu bemerken. Gleich morgen schreibe ich eine gepfefferte Mängelrüge und trete vom Kaufvertrag zurück, per Einschreiben. Die sollen mich kennenlernen! Und wie geht's dir?

Er war sich allerdings von vornherein nicht ganz sicher, ob das Möbelhaus den Rücktritt vom Kaufvertrag anerkennen würde, anerkennen müsse. Ungeduldig wartete er, drei Wochen;lang, auf einen Bescheid. Einen Rechtsanwalt mochte er nicht hinzuziehen, einen seiner juristisch beschlagenen Kollegen wollte er nicht fragen, um sich nicht bloßzustellen: Er war gescheitert, hatte nicht aufgepaßt, hatte versagt, und es quälte ihn schon, daß Lo davon wußte, daß er ihr seine Niederlage eingestanden hatte. Tatsächlich bot das Möbelhaus nur die Nachbesserung der Schäden und eine geringfügige Minderung des Kaufpreises an. Schwierigkeiten für einen Vergleich ergaben sich vor allem aus dem Argument des gegnerischen Rechtsanwaltes, die grundsätzlich anzuerkennende Gewährleistungspflicht des Möbelhauses könne dem Käufer dann nicht zugutekommen, wenn er die Mängel der Sache bei Kaufabschluß gekannt habe oder hätte kennen können. Ausdrücklich habe der Verkäufer seinerzeit darauf hingewiesen, daß das fragliche Exemplar des Wohnturms »Marco Mobil« das letzte Stück einer Serie gewesen sei, daß also eben dieses Exemplar geliefert werden würde. Ihm, dem Käufer, müsse grobe Fahrlässigkeit angelastet werden, wenn er sich nicht vor Kaufabschluß von dem – eingestandenermaßen nicht ganz einwandfreien – Zustand des Kaufgegenstandes überzeugt habe. Nur auf Kulanz-Basis sei man daher gewillt, dem Käufer eine Gutschrift von 10 Prozent des tatsächlich gezahlten Preises zukommen zu lassen, mithin 66,93 DM.

Der blaue Aktendeckel war immer mehr angeschwollen. Das letzte Angebot lag bei 17,5 Prozent gleich 117,13 DM. Und das nach 18 Monaten, sagte er. Und ich hatte im voraus bezahlt – allein der Zinsverlust! Unter 20 Prozent schließe ich nicht ab.

Inzwischen hatte er sich an das Möbel gewöhnt. Allerdings waren längst neue Gebrauchsspuren sichtbar, am ärgerlichsten ein schmaler, länglicher Brandfleck auf dem Schrankeinsatz: Susi, die sich das Rauchen nicht abgewöhnen mochte, hatte ihre Zigarette abgelegt, als sie ins Nebenzimmer gingen, sie hatte es meistens eilig, und dann war es zu spät gewesen. Jetzt stand der Wohnturm neben der Tür, monströs, unnütz, störend, ein beschädigtes Haus für überflüssige Träume.

Mädchen, mein Kleines. Sie zitterte, fror. Vaters Stimme, manchmal schon fast vergessen, so fern: Mädchen, mein Kleines. Willst du nicht, willst du. Laß nur. Warum. Er war so groß. Er war so mächtig, Herrscher König Erlöser, du. Vater. Laß nur. Sei lieb. Mädchen. Mein Kleines. Wo kann ich das finden, das wiederfinden? Vater. Laß nur. Gestorben. Gestorben zum doppelten Satz. Warum nur. Geruch wie Vater, damals, morgens, Rasierwasser Haarwasser Seife oder, mein Kleines, mein Mädchen, vergessen. Wie war das? Wiederfinden die Worte, den Klang, Vater, wiederfinden mich selbst: Was soll ich, darf ich, Vater, was will ich? Sei lieb. Laß nur. Sie suchte, beinahe verzweifelt, nach seinen Worten. Heiß war es, unerträglich, das Fieber, sie fror, hatte alles vergessen, Mädchen. Nicht einmal das Bild fand sie wieder. Vater – groß ruhig beruhigend – Kleines, mein Mädchen. So groß wie niemand, wie nichts. Aber das Foto glatt, klein, 15 mal 18 im Passepartout, Vater freundlich im Silberrahmen, 800 gestempelt, irgendein Mann von 45, 48, dicklich, gelichtete Haare, schon grau, täglich die Rose vor Vaters Bild, das nicht Vater ist, das hat er um uns verdient, sie zitterte, zog die Decke bis an den Mund, fror fror, nichts war noch Vater, nur die Augen blieben so blau oder blaugrau, grau mit dem hellen Kranz in der Mitte, Vater, die Augen nimmt niemand mir fort, kein Bild, mein Mädchen, und sein Klang, Kleines, wie das war, seine Hand, wie das war, laß nur, ruhig und alles gut, wie das war, und der Schmerz, Schmerz, als ich wiederkam: nur noch ein Foto im Silberrahmen, jeden Tag eine frische Rose, das war nicht Vater, nie mehr, und der Kränzehügel, schon welk, dreiundzwanzig gezählte Kränze, alles vorbei, kein Mädchen, kein Kleines, zu spät und nicht wieder. Ein Unfall. Warum. Der Abflug in Boston, früh morgens, Jeans und die rote Jacke, ich will nichts Schwarzes, kein Schwarz, ich bin so, don't you understand, so traurig, das weiß keiner, kann keiner wissen, soll keiner wissen, ich ziehe die Jeans an wie jeden Tag und die rote Jacke, ich will nicht das Trauerschwarz für die anderen, mein Mädchen, mein Kleines, laß nur, und hinter der Sperre die Browns, Browns aus Groton, Massachusetts, wo sie schon fast zu Hause war in dem weißen Holzhaus mit den knarrenden Dielen, vier Wochen zu Gast zu Hause, Austauschstudentin bei Joe Brown und Nancy Brown, Lissy Brown, be comfortable be social, aber allein in der roten Jacke, frustrated, sorry, nach Hause, eine Stunde Aufenthalt in New York, Hin und Her in Glas und Licht und Dreck und Licht und Lärm und immer wieder Schmerz, Schmerz, ein Unfall, warum, aufpassen, treibend, eilend, Lufthansa nach Frankfurt, blau, aufsteigend der Vogel, aber wohin, wenn Vater nicht mehr, wenn Vater nie mehr alles zu Ende, was dann? Mädchen, mein Kleines. Warum. Warum nur. Ein Unfall. Und ich, und Hermann, und Mutter, sie wußte schon vor der Landung in Frankfurt: den schwarzen Schleier, die Tränenaugen, du kannst doch nicht einfach in Jeans, sie wußte: ein Vierteljahr streng in Schwarz, ein halbes Jahr schwarz und schwarzweiß und grau, du kannst doch unmöglich so, Trauer nach Monat und vorgeschriebener Zeit, bis das Trauerjahr endlich bis alles vorbei sein würde vorbei war. Vorbei. Sie fror. Es war heiß unter der Decke. Sie spürte salzigen Schweiß auf den Lippen. Wenn ich morgen nicht in der Redaktion – fällt gar nicht auf. Würmling anrufen. Das Titelbild muß noch. Korrektur lesen. Siebzehn Zeilen bei Faulhaber streichen. Würmling erinnern. Krank, Erkältung, grippaler Infekt, Fieber, fünf Tage Bettruhe. Krankschreiben lassen. Ich friere. Ich kann es nicht wiederfinden. Vater. Mein Kleines, wie niemand, und niemals mehr. Sie fror. Die Zähne klapperten aufeinander, verrückt, warum, ich bin krank, ich Mädchen, Kleines allein, niemand sonst, niemand mehr. Paul. Aber. Warum. Sie wußte nicht, warum er gestorben war, tot, 48, unfaßbar, mein innigst geliebter, unser bewährter, Major a. D., Träger des Ritterkreuzes, in tiefer Trauer, im Namen der Mitarbeiter, immer in Ehren, von Beileidsbesuchen bitten wir –. Tot. Niemals mehr Mädchen, mein Kleines. Tot an einem beliebigen Baumstamm der Bundesstraße 277, die aufgerissene Rinde, wo es gewesen war, dieser Augenblick – tot, das helle Holz, wo es gewesen war, und es war kein Unfall: die Straße gerade, der Asphalt glatt, der Nachmittag hell, keine Bremsspur, wie Mutter das aushält. Die Versicherungssumme doppelt gezahlt, bei Unfall doppelt, 150 000. Warum. Sie muß bezahlen, aber sie weiß das nicht, will es nicht wissen, täglich die Rose vor Vaters Bild, auch im Winter, er hat das gewollt, Gott hat das gewollt, 150 000, unser Herr Lingner wird Sie beraten. Unser Herr Lingner.

Kannst du morgen bei Paul anrufen, bitte?

Gewiß, Kind. Wenn du meinst. Hast du die Tabletten genommen?

Ja. Und auch bei Würmling, bitte. Daß ich krank bin.

Natürlich, Kind. Wir lassen morgen mal Dr. Kleber kommen. Du hast hohes Fieber.

Kind. Mädchen. Mädchen, mein Kleines. Mein kleines Mädchen. Wie kann ich das wiederfinden, wo kann ich. Sei lieb. Laß nur. Er hat das gewußt, Rechtsanwalt Dr. Rosen, den Tod, seinen Tod, alle Tode. Vaters Tod. Meinen Tod. Er wußte den Tod vorher. Seine Augen. Mein Mädchen. Wie kannst du aber auch in der roten Jacke in Jeans – hast du ihn gar nicht geliebt? Hab' ich gar nicht. Gar nicht. Mein Mädchen. Er wußte alles, Vater, er wußte Bescheid, wußte den Tod. Das Bild in der Zeitung, vergilbt, schon lange vergilbt, Mutter hatte es aufbewahrt, dein Vater, stolz: DER GENERAL KAM ZUM BATAILLONSGEFECHTSSTAND, 150 METER HINTER DER HKL IM OSTEN, UM DEM BATAILLONSFÜHRER DAS RITTERKREUZ UMZULEGEN. Ein junger Vater, schmal und traurige Augen, müde, die blinkenden Orden und Schnallen, Blitzlicht, ein General, aber Vater sah nichts, sah irgendwohin, war traurig und war nicht stolz, er war allein und wußte mehr, oder er wußte schon nichts mehr, damals, März 45, wußte nicht weiter. Laß nur. Vielleicht hat er nie mehr weiter gewußt seitdem. Mein Kleines. – Wenn ich das wüßte.

Wo hast du dir das bloß geholt, Kind?

Wenn ich das wüßte.

Das weiß ich nicht, weiß nicht weiter. Laß nur. Unser Herr Lingner. – Wenn ich das wüßte.

Er dachte nicht gern an München, nach München hin. Der grüne Aktendeckel. Die Weltstadt mit Herz. Manchmal träumte er sogar von seiner Wohnung, er träumte sich auf dem Weg zu seiner Wohnung an steilen Steinfronten entlang, gebückt unter farbigen Röhren, träumte, daß er den Weg zu seiner Wohnung nicht finden konnte, vergessen die Nummer, verloren die Nummer, Haustüren ohne Nummer und Namen, stumme Fensterquadrate, leer. Verloren. Er wußte im Traum, glaubte zu wissen, daß er auf dem richtigen Wege war, er erinnerte sich an Absätze, Winkel, Stufen, hier mußte der Eingang sein, gleich hier oder da, oder hinter der nächsten Ecke. Aber da war kein Aufgang, kein Eingang, die übermächtigen Fronten schoben sich immer näher an ihn heran, kein Weg, kein Ausweg, roher Beton, drohend, die hochgetürmten Terrassen schienen sich fortzuneigen, nach hinten, zum Himmel hin, meine Wohnung, wo, mein Haus, wo, er war blind, kein Licht mehr, fühllos, er tastete, Stein, Stein, rauh, er taumelte, stürzte, wohin, wachte auf.

Natürlich, es gab die Steuerermäßigung, § 7b, noch sechs Jahre lang, und eine Eigentumswohnung in dieser Größe, 71,57 qm Wohnfläche – die beiden Terrassen je hälftig gerechnet –, konnte auf längere, lange Sicht durchaus eine solide Anlage sein. Vielleicht kam auch einmal wieder eine Zeit, in der die Miete eine bescheidene Rendite erbrachte, wenigstens den Hypothekendienst und die laufenden Unkosten deckte. Aber jetzt: Anita zahlte zu wenig, und den Brief wegen der leider unvermeidlichen Mieterhöhung aufgrund der ständig steigenden Bewirtschaftungskosten sandte er nicht ab, wieder nicht: drei, vier Entwürfe lagen in dem grünen Aktendeckel, auf den Kontoauszügen der Bausparkasse, unter der ärgerlichen Verwaltungsabrechnung, deren Zahlen er anzweifelte, ohne seinen Verdacht beweisen zu können – er fand nicht die richtigen Worte, nicht für Anita.

Längst machte er sich nichts mehr vor: Es war unsinnig gewesen, dumm – es war verrückt gewesen, die Wohnung unmittelbar vor der großen Krise zu kaufen. Jeder hatte sich ausrechnen können, jeder wußte, und er selbst sagte es, vorsichtig andeutend, immer wieder seinen Kunden, daß die Krise kommen würde. Aber er selbst hatte dann gekauft, in diesem Augenblick, im denkbar falschen Augenblick, eine Wohnung zudem, die viel zu teuer war für ihn, sogar die letzten Stücke der Bayer Wandelanleihe von 69 hatte er noch abstoßen müssen, weit unter Kaufkurs, um nur die Nebenkosten zusammenzubringen. Verloren. Meine Wohnung. Mein Haus. Eine Wohnung in einem riesigen Wohnungsfriedhof, die niemand ihm wieder abkaufen würde, jetzt nicht und später nicht: unverkäuflich oder zu verkaufen nur mit einem unerträglichen Minus: ein Loch für sein Erspartes und für alle künftigen Ersparnisse, die Zahlen verschwanden per Dauerauftrag, ausgelöscht, verloren. Ein Müllschlucker, dachte er, ein Müllschlucker mit allem Komfort, der mein Geld schluckt. Und ausgerechnet in München, fünfeinhalb D-Zug-Stunden entfernt, Weltstadt mit Herz ohne Herz, was sollte er da in zweieinhalb schmalen, ineinander verwinkelten Zimmern, geplant als Sportlerquartier für zweieinhalb Sommerwochen, mit zwei kostspieligen Balkonterrassen und dem Blick auf das 200-Millionen-Zeltdach, grau, dumpf, lastend, 200 Millionen verschleudert, mein Geld, ihn ärgerte jedesmal der Blick.

Mutter hatte nichts davon wissen wollen: Sie hatte ihre Wohnung seit 1952, die Wohnung war billig und reichte aus, und sie wußte Geschichten genug, von früher, von zu Hause: Die Leute wurden nicht froh mit ihren Häusern, Jungchen, gespart und gespart und alles dann für die Katz, zuletzt, für die Polen. Ein Haus muß man erben. Er versuchte, ihr die besonderen Vorteile eines Bausparvertrages zu erklären, das zinsgünstige Darlehen, unkündbar, und allein schon die Wohnungsbauprämie, die kann man doch nicht verschenken, und in elf Jahren ist dann alles bezahlt, und wenn er wieder in Prospekten, Faltblättern, Wohnungsgrundrissen wühlte – acht lange Jahre lang ließ er sich Angebote senden von überall her, bis er endlich kaufte: zu schnell, nicht wirklich überlegt –, zeigte er ihr hin und wieder einen Entwurf, der ihm besonders günstig oder verlockend erschien: die Terrasse ohne jede Einsicht, abgeschlossen durch Blumentröge, der Blick in ein liebliches Landschaftsschutzgebiet oder frei über das Meer, der Schlaftrakt sauber getrennt, Kamin, Sauna, Haussprechanlage, Hobbyraum inklusive. Sie war taub für ihn, blind für die Aufrisse seiner Träume, schüttelte eigenwillig den Kopf: Du übernimmst dich, Jungchen, glaub mir, das tut nicht gut, man muß zufrieden sein mit dem, was man hat und was man nicht hat.

Die rote Villa war sein gewagtester Versuch. Ein Angebot in der Wochenendausgabe, 18000 DM Anzahlung, günstige Restfinanzierung, beinahe geschenkt, am Waldrand, eigenwillige Architektur, herrschaftlich, für Liebhaber: ein Haus, ein eigenes Haus, beinahe ein Schloß, rote Ziegel mit gotischen Türmchen, ein verwilderter Park. Später: die Grundmauern feucht, undicht das Dach, die Schornsteine durchgesottet, die Fenster schlossen nicht mehr, die Wasserleitung rostete durch den Putz. Mutter sah das rote Haus nie, sie erfuhr davon erst, als er es wieder verkauft hatte, fünf Monate später, 2000 DM Reingewinn, nach Abzug aller Unkosten: Man muß eben ein Händchen haben.

Dann sparte er, erleichtert, weiter, prüfte Wohnungsgrundrisse in Ottensen, Hofheim, Freilassing, Bayreuth, mochte sich nicht entscheiden, trauerte seiner Unentschiedenheit vom vergangenen Jahr nach, wenn die Quadratmeterpreise neue Gipfelwerte erreichten, fand dann den Typ 3E in einem freundlich grünen, unaufdringlichen Prospekt, 15-09-27, eine Eckwohnung mit einmaliger Aussicht, die es nur einmal gab, keine Dutzend-, keine Massenware: Er mußte zugreifen, gleich, er griff zu, unterschrieb. München, Weltstadt mit Herz. Was man sich von einer modernen Wohnung nur wünschen mag. Greifbar nahe genießt das Auge inmitten von großzügig gestalteten Hügeln, nahe dem Herzen, alles verwirklicht: zeitgemäße, zukunftssichere, modernste.

Mutter war zu Hause in ihrer Wohnung, wieder zu Hause. Nach sieben langen Mansardenjahren bei Otterbeins war die Wohnung ihnen zugewiesen worden, Neubau, sozial. Das Wohnzimmer mit dem Balkon nach Südwesten, Blick auf die grauen, gleichförmigen Nachbarhäuser: drei Wohnungen links vom Treppenhaus, drei Wohnungen rechts vom Treppenhaus. Daneben das Elternschlafzimmer, 13,6 Quadratmeter groß – Vater galt damals noch als vermißt, er wurde mitgezählt bei der Zuteilung von Wohnraum –, und für ihn selbst das halbe Zimmer nach hinten, Nordosten, neben der Küche, 6,5 Quadratmeter schmal. Onkel wurde als Untermieter geführt. In der Toilette, 79 Zentimeter breit, gab es kein Waschbecken, auch keinen Raum für ein Waschbecken, die Tür war innen angeschlagen. Die Kacheln im Badezimmer hatte Onkel verlegt, so sahen die Wände aus: ungleichmäßig gewinkelte Platten III. Wahl, die Fugen mangelhaft verschmiert, überschmiert, und zuletzt hatte Onkel der Eifer verlassen, die Kachelfläche endete abrupt neben dem Badeofen, der Mörtel, hervorgequollen unter der letzten Plattenreihe, war zu einer dünnen weißen Krause erstarrt.

Er war auf Zeit hier, in dieser Wohnung, in dieser Enge, in dieser Stadt. Er war hier nicht zu Hause: Flüchtlinge, Pack, Polakken. Er sparte, sparte auf ein Haus, irgendwo, ein eigenes Dach. Nachdem er sich von Gerlinde getrennt hatte – sie hatten sich beide getrennt, es war sinnlos gewesen –, wohnte er wieder in seinem Zimmerschlauch. Bald darauf, als Onkel fortgezogen war, hatte er das Zimmer mit Mutter getauscht, damit er Platz fand für Schreibtisch und Bücherborde. Der Kleiderschrank mit dem Mittelspiegel blieb in seinem Zimmer stehen, hinter ihm, er fühlte sich nie ganz unbeobachtet. Die Ehebetten wurden auf den Hausboden geschafft, ein Klappbett war für Mutter genug.

Da kommt nun niemand mehr, Jungchen, sagte sie. Ich bin nun 48, dann ist das vorbei.

Er wollte hier nicht bleiben. Er träumte von Weite, von Fremde, und er sparte verbissen auf das eigene Haus, die eigene Wohnung, irgendwo. Aber dann war er schon 35, dann wurde er 39, 40. Er kam von Gruppe 6 in Gruppe 7 und, nach einer längeren, kaum erklärbaren Verzögerung, auch noch in Gruppe 8, ohne daß er in die Zentrale oder wenigstens in eine größere Filiale versetzt worden wäre. Er war eine gern gesehene Kraft, unser Herr Lingner, der Filialleiter – auch der Nachfolger von Dr. Waldmann – schätzte seine zuverlässige, unaufdringliche Arbeit, sein verbindliches Wesen – unser Herr Lingner. Wahrscheinlich war er deshalb immer noch hier, wurde er hier gehalten. Manchmal fühlte er sich wie in zähem Schleim, hilflos. Und wenn nicht jetzt, wann denn?

Der Bausparvertrag, mehrmals aufgestockt, wurde zugeteilt im Sommer 1973. Im Oktober unterschrieb er den Kaufvertrag für die Eigentumswohnung 15-09-27. Er hatte noch sechs Urlaubstage gehabt, kam auf der Rückreise durch München, stieg aus, warum, nicht, rief Anita an. Na immer, sagte sie, natürlich, das weißt du doch! Nein, nein, sie sei gerade allein, natürlich habe sie ihn nicht vergessen, die schöne Zeit auf der »Ryndam«, wieso denn, sie schreibe nun mal keine Briefe, wenn sie schon jeden Tag im Büro so viel Unsinn schreiben müsse. Soll ich dich abholen? Am besten wartest du vor der Hauptpost, gegenüber vom Bahnhof, dann brauch' ich nicht erst einen Parkplatz zu suchen.

Der Bahnhofsvorplatz war überstrahlt von einem südländisch warmen Nachmittagshimmel, wolkenlos, heller noch als in Kärnten, klarer. Föhn!, sagte Anita. Merkst du nichts?

Er blieb einen Tag, eine Nacht länger bei ihr, draußen in Laim. Sie wohnte in dem ausgebauten Dachgeschoß eines älteren Reihenhauses, die Küchentür neben der eng gewendelten Treppe stand offen, es roch nach frisch Gebackenem, Frau Anbichler sah mißtrauisch von ihrem Platz neben dem Herd herüber, murmelte etwas auf Bayerisch, unverständlich, stellte aber später einen Teller mit rosa durchweichtem Pflaume7nkuchen vor die Abschlußtür. Das Bett war breit, französisch, Anita war immer noch rundlich und fest, Amme, dachte er, Mama. Hab dich nicht so, ja, so! Sie hatte zwei Literflaschen Tirolerwein im Kühlschrank, ein herber, vergnügter Landwein, briet gegen Mitternacht noch Spiegeleier auf Speck, von nichts kommt nichts, schlief warm an ihn gepreßt, und als er aufwachte, Kopfschmerzen, war sie schon wieder an ihm, über ihm, festes Fleisch, ließ sich nicht stören, lachte ihn an und aus: Du tust ja, als ob du noch nie – hast du Angst?

Sie trieb ihm aus, was sie Angst nannte, zwei Nächte lang, einen Tag, er fühlte sich groß. Als sie am Sonntag wieder hinunterstiegen, stand Frau Anbichler mißmutig in der Küchentür und raunzte etwas von den Kindern und daß man und überhaupt eine Schand'. Dann saß er wieder im Zug und las die Wochenendausgabe der Süddeutschen Zeitung, die Immobilienseiten. Gegen Mittag waren sie noch die Stufen zur Aussichtsplattform der Frauenkirche hinaufgestiegen. Anita wies auf die seltsam klare Gebirgskette, blaues Licht über Schneegipfeln, flimmernd: Das siehst du so nur bei Föhn. Er fühlte sich leicht und frei und befreit, auch etwas schwindelig, er war müde. Auf der Fahrt nach Hause schlief er eine Stunde lang, sieben oder acht Zentimeter

Schal, den die graue Frau gegenüber strickte – eine Heimatvertriebene, wie sie in unverkennbarem Oberschlesisch erzählte. Er wehrte ihre Vertraulichkeit mit sauberem Hochdeutsch ab, und dann furchte er sich durch die Anzeigenspalten. EIGENTUMSWOHNUNGEN IM OLYMPISCHEN DORF. Am nächsten Tag schrieb er um Prospekte.

Es ergab sich, daß Anita die Wohnung bezog; in dem halben Zimmer nach Westen stand eine Gästeliege, er wollte wenigstens ausschlafen können. Von den Balkons aus, die sich Terrassen nannten, waren bei Föhn die Alpen zu sehen. Aber er war seitdem nur zweimal in München gewesen, bei trübem, bedecktem Himmel.

VI.

Der Tor und der Weise verraten sich in sieben Dingen. Der Weise schweigt vor dem, der ihn an Einsicht überragt; er fällt dem anderen nicht ins Wort und ist bedachtsam in der Antwort, er fragt zur Sache und antwortet nach Gebühr, spricht vom Ersten zuerst und vom Letzten zuletzt; wovon er nichts weiß, sagt er, ich weiß es nicht. Wenn er einsieht, daß er sich geirrt hat, gesteht er seinen Irrtum unumwunden ein. Gegenteilig von alledem handelt der Tor.

Sehr geehrter Herr Lingner!

Inzwischen hat uns unsere Mandantin den mit Ihnen geführten Schriftwechsel übergeben. In unserer nachfolgenden Stellungnahme haben wir uns ausschließlich auf Rechtsausführungen beschränkt.

1) Die Ausschreibung unserer Mandantin in ihrem Kreuzfahrtenprospekt Herbst-Winter-Frühjahr 73/74 enthält keine vertragliche Zusage, daß sich an Bord der TSS ATLAS eine »deutsche Reiseleitung« befindet. Unsere Mandantin bietet lediglich an, daß sich auf der TSS ATLAS eine deutschsprachige Reiseleitung an Bord befindet. Dies war unbestritten der Fall. Im übrigen haben sich sämtliche Kunden unserer Mandantin, die bisher an Ferienreisen auf der TSS ATLAS teilgenommen haben, über die Betreuung durch die deutschsprachige Reiseleitung niemals beschwert. Dies dürfte wohl auch objektiv der Beweis sein, daß die Kunden unserer Mandantin durch die an Bord befindliche deutschsprachige Reiseleitung ausreichend betreut werden.

2) Bei dem Vertrag zwischen Reiseveranstalter und Reisenden handelt es sich nach nunmehr gefestigter Rechtsprechung um einen Werkvertrag, der auf eine Geschäftsbesorgung ausge-

richtet ist. Für jeden Reisenden, der die Dienste eines Reiseveranstalters in Anspruch nimmt, ist erkenntlich, daß der Reiseveranstalter lediglich ein Bündel von Reisedienstleistungen der verschiedensten, von ihm unabhängigen Leistungsträger zum Pauschalpreis anbietet. Bei dieser Sachlage hat die Rechtsprechung daher zu Recht die Haftung des Reiseveranstalters für Mängel dann ausgeschlossen, wenn ihm die Möglichkeit fehlt, innerbetrieblich auf die einzelnen Leistungsträger einzuwirken. Sowohl das Oberlandesgericht München als auch das Landgericht München I haben deshalb zu Recht die Haftung des Reiseveranstalters ausgeschlossen, soweit diesem tatsächliche Einwirkungsmöglichkeiten auf den einzelnen Leistungsträger fehlen (vgl. nicht veröffentlichte Urteile des LG München I v. 21.12.72 mit dem Aktenzeichen 18 O 752/71; Urteil des OLG München vom 19.11.1973 mit dem Aktenzeichen I U 1047/73; Urteil des LG München I v. 15.1.74 mit dem Aktenzeichen 34 O 237/73). Eine entsprechende Rechtsauffassung vertritt auch das Oberlandesgericht Hamm, das nur dann eine Schadensersatzpflicht des Reiseveranstalters bejaht, wenn er sich nicht vor Reiseantritt des Kunden über die Leistungsfähigkeit der einzelnen Leistungsträger unterrichtet und diese geprüft hat (vgl. OLG Hamm in »Der Betrieb« 1973, S. 2269). Unsere Mandantin arbeitet seit Jahren mit der Reederei zusammen, der die TSS ATLAS gehört. Bisher lagen unserer Mandantin über Service und Ausstattung der Schiffe dieser Reederei keine Beschwerden vor. Ganz allgemein kann gesagt werden, daß Beschwerden bei Schiffsreisen eine ungewöhnliche Ausnahme sind. Wir können dies beurteilen, da wir die ständigen Rechtsberater unserer Mandantin sind und uns im Rahmen dieser Tätigkeit für unsere Mandantin auch mit Reklamationen der Kunden befassen. Abgesehen davon liegt unserer Mandantin ein sehr objektiver Bericht eines Ihrer Mitreisenden, Dr. O., vor, aus dem sich ergibt, daß Ihre Beanstandungen offensichtlich subjektiv motiviert sind.

Lauter Abfall, sagte sie, Ausschuß: nur mißlungene Bilder. Ramsch! Paul hat mir aus Versehen den falschen Kasten gegeben, den mit den unbrauchbaren Dias. Er kann eben nichts wegwerfen. Alles bewahrt er auf, die doppelten Bilder, die verwakkelten und verwischten, die unterbelichteten, überbelichteten, sogar den Anschnitt des Films – da, nichts als triste Dunkelheit! Er wirft einfach nichts weg. Vielleicht hat er Angst, daß er versehentlich einmal das Beste aussortieren könnte, das Einmalige, nie wieder Gesehene, und außerdem: Er hat bezahlt, die Rahmung gehört zum Preis, also verwahrt er erst einmal alles. Werte! Dabei ist er nicht eigentlich geizig, das mußt du nicht denken, Mutti, er kann sogar großzügig sein. Er möchte nur nichts falsch machen, will nichts versäumen und nichts versehen, und deshalb ist er bedächtig und bedenklich, lieber zu vorsichtig als einmal zu übereilt – man kann ja nie wissen! Manchmal hat er auch recht – hier zum Beispiel dieses Foto aus Alexandria, das ist bestimmt besser als viele andere, die in seiner Vorführ-Serie stecken. Komm, ich zeige dir einfach mal, was wir hier haben. Du darfst das nur Paul gegenüber niemals erwähnen, bitte. Er ist eben so: Niemand soll merken, wenn er Fehler gemacht hat. Bitte, ja? Dabei ist es im Grunde fast gleichgültig, ob du nun diese Bilder siehst oder die anderen, die Paul für gelungen hält – und ob du sie alle siehst. Es sind eben Ausschnitte, Zufälle, eigentlich gehörte zu jedem eine lange Geschichte, warum Paul gerade da stand und fotografierte, in diesem Augenblick, warum er dies sah und jenes nicht, diesen Torbogen aufnahm und nicht die Mauer daneben, die vielleicht genauso schön oder genauso verfallen war, mit anderen Augen gesehen, genauso merkwürdig. Eine hundertstel Sekunde ist immer zu wenig.

Das war in Alexandria also, am ersten Tag, gegen Abend. Die Farben sind trübe, es war fast nichts mehr zu sehen in der dämmerigen Straße – nur dieser Lichtstrahl, der schräg in die Werkstatt fällt, Staub im Licht, und wenn du genau hinsiehst, kannst du auch Menschen erkennen, unten links. Da arbeiten sie, Kinder, glaube ich, und ich weiß nicht mal, was sie tun. Es war nur dieser Blick von der Straße her in die offene Werkstatt, Paul knipste sofort. Die Menschen in der Straße waren ablehnend, vielleicht sogar feindselig, daß er die dicke Kamera mit dem Teleobjektiv hatte und fotografierte, was es nicht auf Ansichtspostkarten zu sehen gibt, dieses dumpfe, müde Licht, Staub, Armut, Dreck.

Ja, das war oben auf dem Sportdeck, bei der Einfahrt nach Heraklion. Das Bild ist nicht ganz scharf, und außerdem mag Paul wohl nicht, wenn ich so lache wie hier, das muß ihn an irgend jemanden erinnern, es sind wohl die Wangenknochen – er meint, ich hätte eine polnische Urgroßmutter gehabt. Na ja, also fort.

Noch einmal Alexandria, sagte sie. Wir hatten uns dann verirrt, buchstäblich, waren fortgelaufen aus dem Straßengewirr der Altstadt, verfolgt von Kindern, gejagt von Kindern, die ihre Hände ausstreckten, immer wieder, die sich vor uns aufstellten, uns anfaßten, einfach so anfaßten, überall, die schrien und lachten und posierten – wir liefen fort, versuchten zu entkommen, entkamen ihnen nicht, und irgendwann hat Paul dann fotografiert, dieses Bild, hinten die große Moschee mit dem Minarett im Abendlicht, vorn die Kinder, Jägergesichter, Paul hat wohl gar nicht richtig hingesehen, hat nur den Auslöser gedrückt, die Kinder ohne Beine, die Palmen schief gegen den Himmel und schräg das Minarett, eine verpatzte Aufnahme. Aber so war es, genau so, dieser Augenblick abends in Alexandria, auf der vergeblichen Flucht vor den Kindern. Später haben wir dann eine Straßenbahnhaltestelle gefunden, die Bahn war gedrängt voller Menschen, nur einer konnte sich mit uns verständigen, ein Lehrer, der still war und traurig, beinahe ohne Hoffnung wegen der Hoffnungslosigkeit: zu viele Kinder, sagte er, einfach zu viele.

Ach ja, hier hat Paul noch zwei oder drei Aufnahmen gemacht, diese ist ein bißchen verwackelt, wahrscheinlich die erste: Da traten wir aus dem Gang heraus ans Licht, erschöpft, und vor uns lag die Cheops-Pyramide. Wir waren in die Grabkammer hinabgestiegen, in der zweiten Pyramide, ein enger, niedriger Tunnel tief unter dem Steingebirge, gebückt unter den Steinen, uns wurde das Atmen schwer, und zu denken: Steine, Steine über uns, beinahe schon begraben unter dem Steinmassiv, zu denken: nie wieder Luft und Licht. In der Grabkammer konnte man aufrecht stehen und atmen, aber zurück ging es wieder durch erstickend niedrige Gänge, beinahe kriechend gegen das kleine Licht des Ausgangs: gerettet, endlich. Da lag dann die große Pyramide vor uns im Nachmittagslicht, vorn links und rechts die blauen Omnibusse, wie Spielzeug, das Taxigewimmel, Foto-Kamele, und Menschen, Menschen, die dies gesehen haben wollten, gesehen haben mußten, und darüber der blaue Himmel, dem Steingrab entronnen: Das vergesse ich nicht, dieses Bild, auch wenn es etwas verwackelt ist.

Hier ist überhaupt nichts zu erkennen, das verwischte Rot war bestimmt meine Jacke, das erste Bild nach dem Filmeinlegen. Das da war viel später, in Rhodos, auf dem Rückweg zu unserer »Atlas«. Ich weiß eigentlich nicht, weshalb Paul hier fotografiert hat – vielleicht das Schiff da am Kai und vorn die Leute, die vierschrötigen Holländer, fast wie im Völkerkundebuch, sie hätten eigentlich Holzpantinen tragen müssen – aber nette Leute, ach ja, und links die junge Frau, das war die holländische Reiseleiterin, sie sprach auch deutsch, und ich glaube, Paul mochte sie – so ein freundlicher Typ mit Wasseraugen, ein bißchen mollig mütterlich, Paul mag das gern, glaube ich.

Noch einmal Rhodos – ach nein, Zypern, die Trümmer von Salamis, schlanke Säulen, wunderschön. Paul hat da mehrere Aufnahmen gemacht, dieser graugelbe Marmor unter dem bedeckten Himmel, nachmittags hat es dann geregnet.

Da war ich schuld, fast der ganze Film war hin – ich habe beim Auswechseln nicht aufgepaßt, in Nazareth, Paul lag doch krank auf dem Schiff. Dieses muß so ziemlich das letzte Bild gewesen sein oder das erste, ich hatte es noch gar nicht gesehen, Paul hat es gleich aussortiert – ein Dr. Günther Otte, ich habe dir sicher von ihm erzählt, wir haben immer mal miteinander getanzt, und in Nazareth waren wir zusammen, an dem Tag. Komisch, so ein abgeschnittenes Gesicht, aber nicht mal unsympathisch, finde ich, vielleicht gerade deshalb.

Aber nein, Mutti – ein netter Kerl, wirklich, aber selbst wenn er wollte: Ich könnte ihn niemals heiraten. Jetzt nicht mehr. Er ist Arzt, an einem Düsseldorfer Krankenhaus, glaube ich. Nur eine Reisebekanntschaft. – Das ist wieder mißlungen, nichts zu erkennen.

Findest du? Also gut, dann bringe ich dir ein anderes Mal die gelungenen Bilder mit, wenn du meinst. Diese hier kann man wahrscheinlich nur richtig sehen, wenn man dabei war.

Der orangefarbene Aktendeckel, neu, kaum abgegriffen:

Fahrtkosten bis Teheran:	RS 351,11
Für Gebührenzahlung:	39,50
insgesamt:	RS 390,61
Mithin Gegenwert DM 100,-	

Zuerst war er böse gewesen, der alte, böse, heimtückische Zorn über seinen Sohn, Gerlindes Sohn: Der schämt sich nicht einmal mehr! Wut stieg in ihm auf, füllte ihn aus: Dieser Kerl, dieser Nichtsnutz, dieser Versager, und mir, mir läßt er die Rechnung schicken (Verpflichtung: den Betrag von 100,- DM bis zum 31.1.1975 an die Oberfinanzkasse in Köln, Postscheckkonto Köln Nr. 119 00, mit dem Vermerk: »Darlehen Clemens Lingner 0502/ 68601« unaufgefordert zu erstatten). Ärger, Groll, Erbitterung: Der läßt sich's wohl sein, frei und flott, und ich darf bezahlen, muß bezahlen (Name des Unterhaltsverpflichteten), der brave Bankangestellte Paul Lingner (Vater), den er auslacht, den er verachtet, was ich und wie ich, warum ich, warum nicht, als ob er beurteilen könnte. Er fluchte in sich hinein: Dieser Kerl, macht Schulden und lügt noch dabei (Beruf: Student), und ich soll dafür aufkommen, wozu hat man einen Erzeuger, Unterhaltsverpflichteten: zum Zahlen, Zahlen, bis er ganz klein wird und grau, 100 Mark hier, 1000 Mark da, kommt gar nicht darauf an, der spart ja sowieso, der Alte, soll er doch zahlen! Statt daß er selber, endlich, endlich einmal, statt daß er ehrlich und fleißig und strebsam, vernünftig. Aber er schämt sich nicht mal!

Das Formular war gelb, sachlich, für die Richtigkeit des Durchdrucks bürgte das Dienstsiegel: VERHANDLUNG ÜBER DIE GEWÄHRUNG VON MITTELN NACH § 26 DES KONSULARGESETZES, geführt vor der Botschaft der Bundesrepublik Deutschland in Islamabad am 5. August 1974. Vor dem Regierungsamtmann Udo Werner erscheint heute Clemens Lingner, geboren am 29.11.1956, *Anmerkung 1):*

1) Leistungen an Minderjährige werden im Rahmen der Geschäftsführung ohne Auftrag für den Unterhaltsverpflichteten des Minderjährigen gewährt.

Später war er ruhiger geworden, fast gleichgültig: 100 Mark, das lohnt die Aufregung nicht, wenn es nicht mehr ist als das, wenn es weiter nichts wäre. Einen Augenblick lang, widerwillig, hatte er sogar ein gewisses Verständnis für seinen Sohn gefühlt, das vielleicht nicht ganz frei war von Sentimentalität – wenn ich so einen guten Vater gehabt hätte –, auch nicht frei von Missgunst – wir konnten uns sowas nicht leisten in unserer Jugend, wir mußten lernen, gehorchen, arbeiten, dienen –, das aber seine

Bitterkeit dämpfte, und von dem Zorn blieb am Ende nichts als gereizter Ärger: Da war nichts zu ändern, nichts mehr zu machen, das war Gerlindes falsche Erziehung, gar keine Erziehung: Der blieb, wie er war, und zahlen mußte er sowieso.

Der Erschienene erklärt zur Begründung seiner Hilfsbedürftigkeit: Am 27.7.1974 bin ich aus Indien kommend nach Pakistan eingereist. Bis Islamabad konnte ich meine Reise selber finanzieren. Da ich in Teheran von meiner Mutter eine Geldüberweisung erwarte, benötige ich lediglich ein Darlehen für die Strekke von Islamabad nach Teheran. Eigene Mittel zur Überbrückung dieser Teilstrecke besitze ich nicht mehr, da das mir verfügbare Bargeld wider Erwarten nicht mehr ganz ausreichte. In Anbetracht dieser Umstände bitte ich um Gewährung einer einmaligen Unterstützung gemäß § 26 KG.

Wider Erwarten: Das war zu erwarten. Und auch die Geldüberweisung in Teheran, er wird sie bekommen haben, Gerlindes Sohn. Auf ihre Weise hatte sie sich darangegeben, an diesen Sohn. In den 18 Jahren war sie alt geworden, fett und faltig und grau, beinahe alterslos alt: Man konnte sie ebenso für 45 halten wie für Ende 50. Er traf sie selten, meistens nur zufällig: Ach ja, du, wie geht's? Wenn er es einrichten konnte, unauffällig, wechselte er rasch auf die andere Straßenseite, ging in irgendeinen Laden hinein. Es war ihm peinlich, wie sich die Kanten des Korsetts unter ihrem Kleid abzeichneten, daß ihre Schuhe breitgetreten waren, die Knopflöcher spannten, obwohl sie sicher noch immer jeden Morgen die 100-Gramm-Striche der Badezimmerwaage mißtrauisch überwachte. Sie war dick, viel zu dick, verunstaltet von Einsamkeit, ohne Anmut. Sie lebte ihre Tage im steten Ablauf ihrer Gewohnheiten und Pflichten, allein jetzt, seit über einem Jahr schon ganz allein, fuhr auf Urlaub, Mallorca, und fuhr zur Kur, Bad Driburg zuletzt, zwölf Pfund verloren, aber wann war das gewesen. Ihr Leben brach erst wieder aus, wenn Clemens nach Hause kam, der Junge: müde, mager, schmutzig, mit drei österreichischen Schillingen Bargeld in dem zerfledderten Reisebeutel, ein Fremder aus einer fremden Welt, langmähnig, in lose Gewänder mehr gehüllt als gekleidet, unter dem Mittelscheitel ein ruhiges, freundliches, fremdes Gesicht. Wie sie ihr Dasein dann mit Waschen und Backen und Flicken feierte: Der Balkon war vollgehängt mit formlosen Kleidungsstücken, für die sie sich schämte und die sie trotzdem pflegte, als seien es Reliquien – leichte, löcherige Batiste vor allem, auch Seiden von einer intensiven Farbigkeit –, das blaue Postsparkassenbuch wurde geplündert, damit der Junge sich gute Schuhe kaufte – Clemens ging meistens barfuß, seine Mutter lag auf dem hellen Teppichboden und sprühte Reinigungsspray über die Spuren –, und eine Butterkremtorte wurde gebacken, die hast du doch immer so gern gegessen als Kind: starrend vor Fett und kaum genießbar vor Süße. Die Kilo-Packung Rosen-Pralinen – Geburtstagsgeschenk der Kolleginnen, aufbewahrt – wurde aufgerissen, und wenn sie morgens früh zum Dienst ging – immer noch arbeitete sie bei der Post, war aufgestiegen inzwischen in die Telefongebührenabrechnung –, war der Frühstückstisch für Clemens gedeckt mit frischen Brötchen, Katenrauchschinken, altem Gouda, Butter, englischen Marmeladen, obwohl er nur aus Höflichkeit etwas davon probierte, ehe er sich wieder makrobiotischen Körnern und weißem Käse zuwandte.

Clemens: Die Lehre hatte er abgebrochen, aufgegeben, hingeworfen – Was soll das, ich mag den Leuten nicht lebenslang miese Dinge andrehen, das will ich nicht. Aber was dann? Du mußt doch irgend etwas! Muß ich? Wieso? Fünf oder sechs Wochen hatte er noch bei Gerlinde herumgelegen, süßen Duft von Räucherkerzen und Haschisch verbreitend, taub für Mahnungen, blind für Tränen, und eines Morgens war er dann nicht mehr da, ein Zettel lag auf dem Küchentisch: Ich gehe nach Indien. Zum erstenmal seit Jahren hatte Gerlinde angerufen, was sie denn tun solle, was sie tun könne, die Polizei oder, sie könne doch nicht einfach so zusehen, wie das Kind ins Verderben –. Deine Erziehung, hatte er kühl geantwortet, nüchtern: Das kommt bei deiner Erziehung heraus. Du hast mich ja nie gefragt, du wußtest ja alles und alles besser, ich war nur gut zum Bezahlen, jetzt hast du die Quittung. Aber laß bloß die Polizei aus dem Spiel!

Ja, aber – was sie denn tun solle?

Nichts, hatte er gesagt, gar nichts. Das sei nun alles zu spät, er könne ihr da nicht helfen, hoffe nur inständig – beinahe hätte er gesagt: zu Gott –, daß Clemens nicht mit den Strafgesetzen in Konflikt kommen werde, grundsätzlich müsse man ja mit allem rechnen bei diesen sogenannten Hippies, die nie die Wohltat einer konsequenten Erziehung genossen hätten und daher auch keine Leistung erbringen könnten, er habe, das wisse sie, immer gewarnt, so jemand sei ja im Grunde darauf angewiesen, seinen Lebensunterhalt in den Grauzonen der Gesellschaft zu verdienen – mehr wolle er dazu nicht sagen, behalte sich allerdings persönlich alle Schritte vor, wenn irgendwelche Rückfragen oder gar Forderungen auf ihn zukommen sollten: Sie habe vor Gericht das Sorgerecht erhalten, sei damit auch entsprechend verpflichtet, während sein Beitrag gemäß ihrem wiederholt erklärten Willen nur in der regelmäßigen Unterhaltszahlung bestanden habe, welche er natürlich jetzt einstellen werde, schließlich unterziehe sich Clemens in Indien doch keiner Berufsausbildung – oder?

In dieser Nacht hatte er wenig geschlafen, auch Valium half nicht, und mit Kopfschmerzen ging er zum Dienst. Inzwischen wußte er längst, daß es ihm nicht gelungen war, den Fall als erledigt abzuordnen. Er spürte, daß er betroffen war. Nicht die drei oder vier Anrufe waren es gewesen, innerhalb dieses Jahres: Gerlinde hatte berichtet, woher und was der Junge geschrieben hatte, und fast immer war es dabei um Geld gegangen, ein Engpaß, eine Krankheit, eine Notlage. Das war zwar lästig, hätte ihn aber nicht besonders aufregen müssen, zumal er festgestellt hatte, daß diese Beihilfen für ihn wesentlich billiger waren als die regelmäßigen Monatszahlungen vorher.

Manchmal träumte er, er wäre wie Clemens, hätte wie Clemens gelebt. Er wachte auf und wußte sofort, was er geträumt hatte, schlief lange Stunden nicht wieder ein, kaute an seinem Mißmut, fraß sich in seinen Ärger hinein. Wenn jeder so leben wollte, haltlos, gewissenlos, verantwortungslos, auf Kosten der anderen, der anständigen, ehrlichen, fleißigen Bürger, die Tag für Tag ihre Arbeit taten und sich die wilde Ungebundenheit nicht leisteten, nicht leisten konnten, diese anarchische Freiheit, die Clemens ganz selbstverständlich für sich in Anspruch nahm. Er merkte, wie sein Ärger in Zorn umschlug, daß purer Haß in ihm aufstieg, und er konnte sich nicht dagegen wehren, wollte sich auch nicht wehren: Das war sein Sohn, Gerlindes Sohn, und das war er selbst. Der Traum kam wieder, immer wieder: Er war jung, er war frei, er war Clemens, los und ledig und frei, offen und doch gefeit gegen die Schläge der Welt, unverletzbar – und wachte auf und wollte das nicht, nicht so.

Manchmal stand er nachts vor der Weltkarte, neben dem Schreibtisch. Vor zwanzig Jahren hatte er begonnen, seine Reisewege aufzuzeichnen, sie einzuzeichnen in Straßenkarten, und zu Hause übertrug er die Striche und Kreise – ein grüner Kreis: Hier bin ich gewesen; ein roter Kreis: Übernachtung – auf die große Landkarte. Am Anfang besaß er nur eine Karte von Deutschland, das alte Deutschland in den Grenzen von 1937, und es war nicht viel einzutragen gewesen damals, außer den Fluchtwegen von Schlesien in das Sudetenland, zurück dann in die zerstörte Heimatstadt, schließlich der Transport in einem Güterwagen in die Fachwerköde eines Dorfes bei Gießen. Einmal war er, als 14jähriger, zur Erholung verschickt worden in ein Kinderheim im Schwarzwald, er erinnerte sich nicht gern an die Zeit, Sülze und Lungenhaschee und Drill und Strafen, du Ferkel. Aber die Reise ergab eine dicke Spur in das braune Gebirge, Spinnenbeine zum Titisee, zum Freiburger Münster, zum Rheinfall bei Schaffhausen. Im vorletzten Schuljahr waren sie mit der Klasse nach London gefahren, über Hoek van Holland, ins brave London jener Tage mit Whitehall und Tower und Britischem Museum, auch die stolzierenden Wachen vor dem Buckingham Palast. Sonst war er in seiner Jugend kaum über den Radius von Wochenendrückfahrkarten hinausgelangt, auch nicht in den ersten Studiensemestern, die wegen Gerlinde, wegen Clemens auch seine letzten geblieben waren. Später erst hatte er sich eine Europakarte an die Wand geheftet, und als er dann umgezogen war in das größere Vorderzimmer, nach Onkels Auszug, hatte er die Wand neben dem Schreibtisch mit der großen Weltkarte tapeziert. Er träumte von Weiten, von Reisen, suchte die Weite in Reiseprospekten, Reisebeschreibungen, und er begann dann, zaghaft zuerst, mit Ausflügen, Abstechern, verlängerten Wochenenden in Brüssel und Straßburg, Busreisen nach Zürich und Amsterdam. Natürlich hatte er nicht geahnt, nicht zu träumen gewagt, daß er die Weltkarte tatsächlich einmal mit einem dikken, kurvigen Strich durchziehen würde, quer durch das matte Blau: Die Weltreise 1966 mit der »Ryndam«, einmal gewonnen, der Erste, einmal gezählt. Und dann die Jahre, Jahre danach:

Kleingeld-Jahre, aufgespart für morgen, vertan. Vor kurzem hatte er begonnen, Clemens' Wege mit dünnem Bleistift einzuzeichnen, eine krakelige Spur über den Balkan, Istanbul, durch die nördliche Türkei, Persien, die krummen Wege und Straßen Afghanistans, schließlich durch Pakistan und südwärts zum Traumstrand Goa, die strahlende Sonne, der blaue Ozean.

Er stand vor der Karte: Nie Goa gesehen, niemals Benares, Nepal nicht erlebt und nicht die Mädchen von Bangkok, billig, vielleicht in zwei Jahren, solange ich noch, solange man noch. Aber dann, was war dann? Er wußte, es gab keine Hoffnung. Die Welt war zu groß, war zu klein. Er schluckte. Er würde Clemens die 100 DM zum 18. Geburtstag schenken, eine Einzahlungsquittung über 100 DM, gezahlt an die Oberfinanzkasse Köln, Postscheckkonto Köln Nr. 11900, mit dem Vermerk: »Darlehen Clemens Lingner 0502/686 01«.

Sie machte es brav, und sie hatte Spaß daran und dabei. Susi. Einmal wöchentlich kam sie, meistens am Mittwochabend, und was zu tun war – Magst du? –, das tat sie gern. Sie zeigte brav, was sie konnte, was sie gelernt hatte bei ihm oder bei anderen, warum nicht, fast eine Übung, eine Trainingsaufgabe: Susi, 19 Jahre, mit freundlich gerundeten Hüften und leichten Brüsten, sie sah ihn an, aufmerksam, folgsam – Magst du? –, mit dunklem Haargekräusel überall, Susi, Süße, er lobte sie, wie ein Schulkind, und sie nahm das Lob an wie ein Kind, war hübsch, eifrig, beweglich, schloß nie die Augen, folgte aufs Wort, auch schon auf einen Händedruck, Schenkeldruck, ja, erwartete ihn im Stehen, im Liegen, kniend, war immer ganz bei der Sache, war gern bei der Sache und immer vergnügt, wischte sich schließlich, ein Kätzchen, sauber, schnurrte zufrieden, wenn sie neben ihm lag, in seinem Arm, schlief manchmal ein bißchen ein, wachte bald wieder auf, dehnte sich, meinte befriedigt: War wieder schön, und wenn sie auch manchmal noch Schwierigkeiten hatte mit dem Du – oft fiel sie in das dienstlich gewohnte Sie zurück, Herr Lingner –, dann war das für ihn ein Anlaß zu Heiterkeit, er lachte sie freundlich aus, überlegen durch Jahre, Erfahrung, Können. Er wußte nicht, weshalb sie zu ihm gekommen war, wann war das gewesen, ein halbes Jahr, und er wußte nicht, weshalb sie wiederkam jede Woche, pünktlich, freundlich, zufrieden. Sie rieb ihren schlanken Körper an ihm, er nahm das gern an, Pascha, ließ seine Hände über sie spielen, in ihr, sie bot sich ihm an, war einverstanden mit ihm und mit allem, und wenn sie schließlich nach einer Zigarette fragte – es muß natürlich nicht sein, nur so, weil's so gemütlich ist –, dann war er großzügig, gewährte gern: Aber steck mir nicht meine Wohnung an, du Feuerteufel! Er stand auf, sie blies den Rauch gegen die Decke, klopfte sorgfältig jedes Gran Asche in den Aschenbecher – Ich paß' schon auf, wirklich! –, und gegen halb 11 verließ sie ihn, winkte noch einmal vom Treppenabsatz herauf – Danke! Bis morgen! –, und er war wieder allein und fühlte sich entspannt. Susi. Aber er fühlte sich gar nicht gut, irgendwie.

Kirsch-Konzentrat »Sterngold« 2,25. *Orangensirup. Traubensaft rot.* Was soll ich. *Schwarzer Johannisbeer-Süßmost* 1,58. *Mineralwasser. »Sterngold«.* Was soll ich. *Sinalco-Cola. Orangensaft* 0,79. *Traubensaft rot.*

Pappe zerrissen, Flaschen gestapelt, Dosen. Preise schwarz mit der Hand gemalt. Was ist. *Orangensirup. Himbeersirup.* 1,48. 1,68. Was nehmen, was will ich, will Mutti, was brauche ich, brauchen wir. Nimm, was du brauchst, du hast ja den Wagen. Nimm was, du, nimm, was wir brauchen. Aber was brauche ich. *Bourbon-Whisky* 10,95. *Alter schottischer Whisky. Zaranoff-Wodka* 7,95. *Silberling-Weizenkorn* 6,25. Was soll das: Silberling. 30 Silberlinge. Einen hat Paul gekauft in Jerusalem, in der Altstadt, garantiert mit Stempel und Hülle, ein Shekel, garantiert echt, original aus der Zeit, eine schäbige kleine Münze, abgegriffen von fast 2000 Jahren, oder das Abgegriffene nachgemacht, wer weiß das, ein Silberling, wer bürgt für den Stempel, Pilatus, für 2000 Jahre, Paul glaubt an Stempel, Bescheinigungen, hängt an den Dingen, als wenn er nicht wüßte, an mir, wenn er wüßte, er will nicht wissen, was war, weiß nicht, was ist. Was ist. *»Sterngold«, »Der Alte«, Weinbrand* 8,95. Was ist. Was soll ich. *Weinbrand »Regent«* 7,95. *Französischer Branntwein » Conferencier«.* Was ist, was reden wir, sprechen wir, sagen nichts, schon nichts mehr, er will nichts sagen, er will nicht wissen, was ist. Mit uns. Mit mir. Mit ihm. Mit uns. Was ist. Was wir sind. Was wir brauchen.

Nimm, was du brauchst. *»Sterngold«.* Nimm, was du willst. Was ich will. Was will ich. *Traubensaft rot.*

Der Wagen lief schwer. Ein Vorderrad war verdreht, blockiert. Sie sah zum Eingang zurück, kehrte um, mühsam, nahm sich einen anderen Gitterwagen, den nächsten, hängte die Einkaufstasche nach vorn, legte die beiden Flaschen hinein: Kirsch-Konzentrat »Sterngold«, Traubensaft rot. Im Vorbeigehen dann nahm sie die Flasche mit: Silberling-Weizenkorn, 32 Vol. %, 6,25. Unsinn. Niemand trinkt Korn bei Mutti, bei mir, oder Günther, vielleicht, ich habe ihn nicht gefragt, ich weiß so wenig von ihm, ich weiß nichts, wenn er wiederkommt, er soll nicht wiederkommen, nicht mehr, nie wieder, nie mehr. Ich kann das nicht mehr. Was soll ich. Das ist nicht so einfach, du. Paul. Wissen was ist. Was wir brauchen. *Mocca-Edellikör. Schattenmorellen. Ananas in Scheiben* 1,58. *Ananas in Stücken* 1,08. *Mirabellen mit Stein*, grüne Früchte im Glas, als wären sie unreif, sauer, als wären sie ungenießbar, künstlich, wenn niemand uns hilft, wer hilft mir, du weißt doch, wie sehr, weißt es doch. Oder? Du mußt das wissen. Wie kann ich sagen, was ist, dir sagen, daß du mir glaubst, daß du uns glaubst, Paul. Was soll ich. Wenn er mich wüßte. *Tortenguß, klar. Sandkuchen.* Streusel, fett, zuckrig. *Rodon. »Prinzenrolle«. Biskuit-Roulade, gefüllt. Dänischer Sandkuchen* 1,65. *Streuselkuchen. Butterkuchen* 1,95. »Prinzenrolle«. Die aß das Mädchen im Flugzeug von Frankfurt nach Saloniki, schmierte sich Hände und Mund voll mit Schokoladenkrem, kleine Hände, dunkel getönte Haut wie die Mutter, die kauerte tief in dem Sesselsitz, ängstlich, eingeschlagen in Kopftuch und Halstuch und Mantel, sie ließ ihr Kind nicht los, nicht einen Augenblick, zog es noch enger an sich, fütterte es, schob einen Keks dem anderen nach, verschmierte das Kindergesicht mit Schokoladenbraun und gelben Bröckchen von Keks: geteert und gefedert, dachte sie, und sie erinnerte sich, daß sie schon bei der Busfahrt über das Flugfeld Angst gehabt hatte: Angst, daß sie Angst hätte, daß sie sich fürchtete vor dem Geruch der dunklen Frau, vor dem dunklen, stummen Mann neben ihr, Gastarbeiter, dachte sie, und sie wußte, wie falsch das war, was sie fühlte, daß es Erziehung war, falsche Erziehung, daß sie freundlich sein mußte, hilfreich, gut sein, helfen, daß sie nichts riechen durfte, Schreck war nicht erlaubt, Angst war nicht erlaubt, schon gar nicht Ekel, und sie wußte, daß sie dem nicht gewachsen war, sie schämte sich: Unvermittelt stand sie auf, ließ Paul allein am Fenster – Sieh mal, phantastisch, die Alpen! –, setzte sich auf den freien Platz neben die Frau, den dritten Platz in der Reihe, am Mittelgang. Die Frau wischte erschrocken die Kuchenkrümel von der Armlehne, das Kind sah sie blicklos an, kaute in sich hinein, lange Zeit, einen Keks nach dem anderen, bis es sich plötzlich sträubte, schüttelte, den letzten Doppelkeks fortstieß, fortwarf, die Mutter bückte sich hastig, bot den Kuchen noch einmal an, das Kind wehrte sich, begann zu weinen, Paul winkte herüber, schüttelte den Kopf, sie sah von ihm fort, sah das Kind an, sagte: Ist schon gut, ist ja schon gut, und das Kind schien sie jetzt wahrzunehmen, schien sie zu hören, zu verstehen, hielt wirklich auf zu weinen: Ist ja schon gut, die Mutter wischte Tränen und Krümel und Schokoladenkrem ab, murmelte etwas, das wie eine Entschuldigung klang. Der Mann begann in einer rauhen, kehligen Sprache zu schimpfen. *Holländisches Spritzgebäck* 1,45. *»Carmen«, feine Gebäckmischung,* 3,25. *Blätterteig-Brezel* 0,95. Herrenbrezel hießen sie früher, zu Hause, was soll ich, als Vater noch da war, mein Kleines, mein Mädchen, beim Skat wurden Herrenbrezeln gereicht, 18, 20, 22, 23, Vater aß gern Gebäck, laß nur, es war kein Unfall. *Blätterteig-Brezel. Gebäckmischung »Mexiko-City«.* Negerküsse: *25 Negerküsse* 1,88. Weich und süß und leicht und klebrig süß, träumte sie Küsse, Kinderküsse, zu süß, er küßte sie, aber du, nein, einmal einmal bist du bin ich und wir, ohne zu wissen, du, ohne zu wissen was war und was wird, viel zu süß, küssen uns ohne zu wissen, und ich habe den Namen seinen Namen vergessen, wie hieß er: groß und blond und hager, 16 wie ich, schon 16, erst 16, so groß und ungeschickt, der war es, das war es, sie wußten es beide nicht, Küssen, und niemals wieder wie damals, das erstemal, letztemal. *Mandeln. Haselnußkerne. Sultaninen* 0,69. Was soll ich. *Mandeln* 1,85. *Haselnußkerne* 1,18. Nimm, was du brauchst, was du magst, was wir brauchen. Was brauchen wir. *Puderzucker. Backpulver. Vanillin.* Mutti nimmt immer Vanille, nie Vanillin, echte Vanille: die Hausfrau, die Kochfrau, die Backfrau, mit 18 geheiratet, mit 19 der Junge, nur Schule und Pudding-Abi und nichts gelernt, aber bei mir verdirbt nichts, in meinem Haushalt wird zweimal im Jahr wird dreimal im Jahr wievielmal im Jahr, im Monat, am Tag, geregelt, vernünftig, nach Vorschrift, nach bestem Wissen, kein Stückchen Brot wird trocken in meinem Haushalt, kein Rest verdirbt, Hausfrauenweisheit nach Kochbuch und Haushaltskalender und Großmutter-Rat, das habe ich so gelernt, das haben wir so gelernt, das habe ich stets so gemacht, wir haben das noch gelernt: die Bettlaken mit der Kante nach vorn, die Tischdecken mit den Fransen nach links, die Kopfkissenknöpfe zur Seite, das Monogramm nach oben, das Strickzeug nach unten, oder, am Morgen zuerst, und am Mittag bestimmt, und nach dem Essen und vor dem Ausgang und hinter den Schränken und unter dem Teppich und immer im Frühling und über der Tür und neben der Heizung, oder: geregelt alles nach gültigen Ordnungen, abgesicherten Sätzen, das Eingemachte im Keller, die Wintermäntel im Schrank auf dem Boden, Regeln gelernt und immer befolgt und zufrieden damit: Zufriedenheit ist das tiefste Glück, Deine Mutter, mit einem Rosen-Klebebild daneben, rote Märchen-Rosen. Von 18 bis 50 sind 32 Jahre, die Regeln halten noch immer, länger als Vater und länger als Liebe, länger als – weiß nicht wie lange. *Kaffee »Silber«* 2,78. *Kaffee »Gold«* 3,18. *Expreßkaffee »Gold«, gefriergetrocknet*, 4,75. *Expreßkaffee* 2,98. Das macht 1,77 Unterschied. Als wir noch sparen mußten, da war das so. Als Vater noch lebte. Das tut es auch. Das ist nicht so wichtig. Vater verdient sein Geld nicht leicht. Vater verdient nicht viel. Die Provision wird erst Ende des Monats fällig. Die Firma, Vater, die Kunden: Keks und Kaffee und Filterpapier, nur Markenartikel, die Kunden, die Firma, Vater. Wir sparen. Wir müssen sparen. Vater hat nicht viel verdient. Wenn Vater doch nur: Major war er, er hätte wieder Major, und Ritterkreuzträger, aber er wollte nicht mehr, Bataillonskommandeur, Ritterkreuzträger, aber er wollte nicht wieder: Keks und Kaffee und Filterpapier, nur Markenartikel, Mutti verstand das nicht, niemals: Du könntest doch, Oberst bestimmt, General, begriff nicht, allein die Pension, verstand ihn nicht, warum er so, Keks und Kaffee, Tag für Tag und Woche für Woche, bis. Und keine Pension. Vater. Laß nur. *Milsani-Dosenmilch. Fruchtquark, mager.* Was brauchen wir, brauche ich. *Schogetten. Scholetten. Pralinentafel, gefüllt. Vollmilch. Zartbitter. Nuß.* Darf ich nicht, darf nicht, will ich nicht wieder. *Schokolinsen*, was soll ich, *Nuß-Krokant*, *Edelvollmilch* 0,79. *Toffee-Melange. Haribo-Fruchtgummi-Mischung*, Kinder-Mischung, dünnes Süßsauer: Würmlings billiger Stunden-Killer, *300 Gramm* 1, 58, er raucht nicht mehr, kaut nur noch, kaut und kaut Fruchtgummi, RAUCHEN VERBOTEN, seitdem, Fruchtgummi aus Kilodosen, nehmen Sie auch, das brauche ich eben, aber pünktlich um 8 Uhr 30, bitte mir aus, pünktlich um 1, pünktlich zum Umbruch, pünktlich erscheinen bei mir. Süß-sauer-süß: Darf ich erwarten, muß ich doch bitten, kann ich nicht dulden. Fruchtgummi kauend, Stunden verkauend, Tage, angestrengt Zeitungen blätternd, Oberrat Würmling, 36, demnächst Direktor, begreife nicht Ihre Vorurteile gegen die deutsche Beamtenschaft, jawohl, Vorurteile, oder wollen Sie sagen, wollen Sie wirklich behaupten, hier wird schließlich hart gearbeitet und pünktlich – Fruchtgummi bunt und klebrig und billig, vor allem lege ich Wert auf Zuverlässigkeit, Ordnung, Einhaltung der Tischzeit, das Heft erscheint zum 1. des Monats, der Inhalt ist nicht so wichtig, wer liest das denn schon, wenn auch, natürlich sind wir ein öffentlich gefördertes, jawohl, Fruchtgummi, in öffentlichem Auftrag, im Grunde sind wir selber der Staat, meine Liebe, wenn wir nicht, wir handeln für andere haben Verantwortung für das Ganze, über den Inhalt kann man sich streiten, solange wir niemandem weh tun, wir streiten natürlich nicht, wir werben für unseren Staat, jawohl, wir lassen uns unseren demokratischen Staat nicht kaputtmachen von diesen linken Aasgeiern, Bombenlegern, Mördern, jawohl, Sie sind ja leider auch nicht ganz frei von diesen, ach was, verrückten Ideen, ich weiß, Fruchtgummi, was ich sage, sehn Sie sich lieber vor. Fruchtgummi gelb rot grün, orange. Nehmen Sie, bitte. Würmling mit der Standard-Karriere, der Standard-Gesinnung, je nach Bedarf das passende Mitgliedsbuch, Lücken bemerken, von allem ein bißchen, christlich und liberal, sozial, europäisch, fest auf dem Boden des Grundgesetzes, zuverlässig und pünktlich, nicht provozieren, wir sind der Staat, meine Liebe, die freiheitlichdemokratische Grundordnung, das sollten Sie nicht vergessen. Fruchtgummi – nehmen Sie sich! *Fruchtgummi-Mischung. Bayrisch-Malz-Bonbons* 0,65. *Eukalyptus-Menthol.* Wenn ich hustete klein war krank war erkältet war, Mädchen, mein Kleines. Ich bin krank. Ich bin erkältet. Vater.

Weingummi-Mischung. Fruchtgummi-Mischung. Würmling. Wir sind der Staat. Beamter auf Lebenszeit. Als praktizierender Katholik, jawohl, da habe ich Aufstiegschancen A 15, A 16, B 3, am besten noch bei den Liberalen, da fehlt es an praktizierenden Katholiken. Im Dienste des Staates, jawohl. Und zuletzt dann Kuwalke, 82, sieht niemand mir an, jawoll, Jahrgang 92, Amtsrat a. D., schräg gegenüber am Tisch auf der »Atlas«, wenn der Steward sich niederbeugt: Mag ich nicht, nee, will ich nicht, nee, ess' ich nicht. Amtsrat Kuwalke aus Elbing, jawoll, in Ostpreußen, das haben die Polen auf dem Gewissen, kein Haus steht mehr in der Altstadt, was sagen Sie? Unsinn, das weiß ich, das weiß ich besser, ich habe dreißig Jahre in Elbing, jawoll, bis 45 in Elbing, ich kenne die Polen, mir macht doch keiner was vor, Amtsrat Kuwalke, die wohlerworbenen Rechte, ich fahre immer im Frühling auf Kreuzfahrt, ich will nichts vererben, Unsinn, was gibt es heute, nee, mag ich nicht, esse ich nicht, Griechen können nicht kochen, Polen sind dreckig, Italiener sind schlechte Soldaten, wieso, Franzosen sind falsch, Polen sind dreckig, jawoll, das weiß ich, ich habe 40 Jahre meine Erfahrungen, jawoll, gesammelt. Da gab es noch Ordnung. Kairo ist dreckig. Beirut kenne ich schon. In Baalbek war ich schon zweimal. Was soll ich denn in Jerusalem, das kostet doch alles extra, man soll sein Geld zusammenhalten, das sind wir gewohnt, jawoll, von früh an, preußische Ordnung und Sparsamkeit, das waren noch Zeiten. Wie? Ja, 82, aber das sieht niemand mir an. Die Polen haben alles zerstört, soll'n sie den Rest behalten, ich kriege meine Pension auch in Bamberg, jawoll, ich habe immer nur meine Pflicht – habe mir nichts vorzuwerfen, das lehne ich ab, Unsinn, das weiß ich besser, was gibt's zum Nachtisch? Mag ich nicht, nee, aber ich habe bezahlt, das Obst nehme ich in die Kabine mit, Griechen sind falsch, jawoll, das weiß ich, Kuwalke, 82, sieht niemand mir an, wir haben immer dem Staate gedient, das weiß ich. Mahlzeit! *Waldbaur-Weihnachtsmann* 1,68. *Mandel-Spekulatius* 1,38. *Lebkuchenherzen mit Schokoladenüberzug* 0,75. *»Kaiserpfalz« Echte Aachener Honig-Printen. Domino-Steine. Oblaten-Lebkuchen. Acht Stück* 1,78. Preiswert: 1,78. Oblaten. Immer der erste Augenblick, wenn die Zunge die trockene Fläche spürt, der Augenblick vor der Sühne, der Augenblick Schuld Schuld vor der Wandlung:

Nie wieder hatte sie die Oblate genommen, seitdem, das Brot, den Leib, seit damals nicht, es gab keine Sühne mehr seit dieser Nacht in Groton, Massachusetts: Browns altes Holzhaus, die Dielen atmeten, sprachen zur Nacht, sie wußten mehr, wußten Schritte, Mrs. Brown nahm ihr Schlafmittel, schlief, wußte nichts, und er war da, die Dielen sagten ihn vorher an, sie hatte ihn vorher gewußt, sie hatte sich nicht gewehrt: ein Mann wie, sie wehrte sich nicht, hielt ihn, obwohl sie wußte, was Schuld war, und Vater, und du, und ich, Joe Brown, 39, groß und schwer, du, so groß. Und am anderen Morgen das Telegramm, Vater, nie wieder, Unfall, ein Unfall. Die tröstlichen Worte. Die Anteilnahme. Von Beileidsbesuchen bitten wir. Mein innigstgeliebter. Verwelkte Kränze. *Französische Walnüsse* 1,45. *Haselnüsse* 1,28. *Marzipan-Kartoffeln. Marzipan-Happen* 1,30. *Marzipan-Brot* 1,98. Für ein Kind. Für Paul. Wie ein Kind. Es weiß es nicht, will nichts wissen. Paul. Ich muß das wissen, ich weiß dich. So ist das mit uns. Nimm, was du brauchst. *Senfgurken, Silberzwiebeln. Sellerie-Salat. Gurkenhappen, schlesisch* 1,58. Vielleicht für Paul: Schlesische Gurkenhappen, wie schmeckt das, wie ist das, wie war das, damals, so viele Jahre seitdem, ich weiß nichts, weiß nicht genug, du. *Tafelsenf. Tafelsalz.* Wir werden uns abfinden müssen.

VII.

Seine Telefonstimme war dünn, klanglos; sie hörte, daß er müde war, ärgerlich, vielleicht traurig.

Ich weiß auch nicht, wie er dazu kommt, sagte sie, wirklich nicht. Unterwegs war er gar nicht zufrieden.

Das sagst du jetzt! Dein Doktor Otte. Aber mit dir war er zufrieden, oder?

Aber Paul, wir haben getanzt, du warst doch dabei. Du hast doch selber gesagt –.

Niemals getanzt wie mit dir, nie wieder so, und manchmal schwankte das Deck, warf uns, ich hielt mich, ließ mich halten von dir.

Was habe ich gesagt? Ich habe gar nichts gesagt, das war es ja, ich hätte vielleicht etwas sagen sollen. Und jetzt fällt er mir in den Rücken!

Nun laß doch das ganze, Paul. Es lohnt nicht.

Er war es nicht, damals, nicht wirklich, konnte es niemals sein: er wußte zu wenig, weiß nichts von mir, von uns.

Da kennst du mich nicht! Ich lasse mir nichts gefallen, von denen bestimmt nicht. Kannst du den Doktor nicht einfach mal anrufen, daß er vernünftig aussagt?

Nein, nicht, bitte. Das möchte ich nicht.

Er schwieg, der Hörer schien taub, leer.

Paul?

Ich glaube dir nicht, sagte er, endlich. Es fällt mir schwer, dir zu glauben.

Sie sagte, ruhig: Das ist schlimm, Paul.

Na ja, dann lassen wir das. Er kann ja im Grunde auch nur bestätigen, was war und was nicht war. Im Grunde war er doch ein – na ja, ein vernünftiger Mann.

Das dachte ich auch, sagte sie. Das meine ich auch. Aber wir –

Wird schon werden, sagte er. Wie geht es dir sonst? Noch Fieber?

Wir dürfen darauf hinweisen, daß es gefestigte Rechtsprechung des Landgerichtes München I ist, daß angeblich entgangener Urlaubsgenuß keinen realisierbaren Vermögensschaden darstellt. Wer allzusehr dem Erwerbe sich hingibt, wird nicht weise. Weiterhin dürfen wir darauf verweisen, wer Prozesse meidet, der entgeht der Feindschaft, dem Raub und dem Meineid. Und wenn nicht jetzt, wann denn? In diesem Zusammenhang dürfen wir auf das veröffentlichte Urteil des OLG Düsseldorf in NJW 1974, S. 150 ff. verweisen. Wer nicht lernen will, ist des Lebens unwert; wer nicht zulernt, nimmt an Wissen ab. Weiter liegen uns nicht veröffentlichte Urteile des Landgerichtes München I vor, die es verneint haben, daß entgangener Urlaubsgenuß einen Vermögensschaden darstellt. Wenn der Mensch von hinnen scheidet, geleiten ihn nicht Silber und Gold, nicht Edelsteine und Perlen, sondern sein Wissen und seine guten Werke. Der gleichen Rechtsauffassung ist im übrigen auch das Amtsgericht München. Alles ist vorhergesehen, dennoch ist die freie Wahl gegeben. Es liegt dir nicht ob, selbst das Werk zu vollenden, aber du hast nicht die Freiheit, dich ihm zu entziehen. Zusammenfassend halten wir bereits aus Rechtsgründen die von Ihnen angedrohten Schadenersatzansprüche für unbegründet. Wir dürfen darauf verweisen, gegen deinen Willen wurdest du erschaffen, gegen deinen Willen lebst du, gegen deinen Willen wirst du sterben und gegen deinen Willen wirst du Rechenschaft ablegen müssen. Sollten Sie jedoch anderer Rechtsauffassung sein, müssen wir Sie auf den Rechtsweg verweisen. Verachte niemand und unterschätze nichts. Verdamme niemand, solange du nicht in seiner Lage warst. Dabei werden wir als Zeugen auch Kunden unserer Mandantin nennen, die an der Kreuzfahrt auf der TTS ATLAS teilgenommen haben, insbesondere den bereits erwähnten Dr. O. Beurteile jeden Menschen nach der günstigsten Seite. Nur die Liebe, die auf nichts beruht, ist von Dauer. Entsprechende Prozeßvollmacht ist uns von unserer Mandantin bereits erteilt. Der Weise schweigt vor dem, der ihn an Einsicht überragt. Traue dir selbst nicht bis zum Tage deines Todes. Mit vorzüglicher Hochachtung.

Der Dicke, sagte er. Der große Dicke mit dem sonnigen Lachen! Erinnerst du dich denn nicht an ihn? Herder, Toni Herder, unser Reiseleiter. Dem hab' ich damals den Tip gegeben, und er hat das Haus auch wirklich gekauft von mir, eine richtige Villa mitten in Hessen mit Freitreppe und Rondell und Türmen und eigenem Park. Herder hieß er – Herder wie Herder, das sagte er immer selbst, obwohl er in Wirklichkeit Baranowski hieß oder so ähnlich, irgendein polnischer Owski oder Inski, ich hab' das vergessen. An den mußt du dich doch erinnern – so ein Großer, Dunkler, ziemlich massig, ein feistes Gesicht, und er strahlte eigentlich immer, als würde er dafür bezahlt. Auch wenn es gar nichts zu lachen gab. Vielleicht wurde er wirklich dafür bezahlt, Reiseleiter, das ist schon ein Beruf, und die Leute mochten ihn, jedenfalls in den ersten Wochen. Prost, Schatz! Nett, daß du da bist. Wart mal, ich habe sogar ein Bild von ihm, zufällig in der Zeitung gefunden, in der Reisebeilage, da sitzt er – das muß hier liegen, Augenblick –, jawohl, hier, auf Tahiti, glaube ich, halbnackt und fett und strahlend mit dem Blütenkranz um den Hals, beim Hula-Hula-Fest. Der da, halb links – den mußt du doch kennen!

Na also, sagte er. Toni Herder – Herder wie Johann Gottlieb. Wir haben ziemlich zusammen gesoffen – Prost, Anita! –, in den ersten Wochen jedenfalls, ungefähr bis Australien, die ganze Getränkekarte runter und wieder rauf, allein zwei Dutzend verschiedene Whisky-Sorten, er war wohl selbst mal Barkeeper gewesen und verstand was von Bloody Mary, Tom Collins, Pink Lady, und er vertrug auch noch ziemlich viel, obwohl er im Grunde längst fertig war damals, und wenn er gegen Mitternacht sein Strahlen aufsetzen wollte, dann langte es nur noch zu einem halben Grinsen. Unser Reiseleiter Herder, dem hab' ich die Villa verkauft, du hast ihn bestimmt gekannt, obwohl du ja nur die letzten Wochen an Bord warst, Los Angeles – Rotterdam, da hatte er nicht mehr so viel zu tun und zu sagen, schlichte Routine in Acapulco mit Sonne und Silber und Todesspringern, und dann Balboa bei Nacht, daß nur niemand in den Seitenstraßen verschütt ging, weißt du noch, wie schwül es war, und es stank und der irre Lärm in der Bar, und dann nur noch Jamaica, wo sie ihm auf dem Strohmarkt die Armbanduhr klauten, und Lissabon zuletzt mit Sightseeing-Tour, damals war da noch alles ruhig und eingespielt, und Toni wußte natürlich im Schlaf, was man sehen und fotografieren mußte. Ja, dem hab' ich den Tip verkauft, so nach und nach, und er hat tatsächlich angebissen zuletzt und ist nun Villenbesitzer oder auch pleite, ich hab' das nicht mehr verfolgt, weil ich froh war, daß ich die Bruchbude los war. Die Grundmauern waren eben feucht, das Dach auch nicht mehr so, ein bißchen Holzwurm, und wenn er damals nicht gleich renoviert hat – na ja, Häuser haben ihre Geschichte. Ich wollte auch lieber was Kleineres und eine solide Anlage, die Villa war doch ein bißchen heikel, wenn die Münchener Wohnung ja auch nicht der große Hit ist – im Grunde setze ich dauernd zu.

Nein, nein, sagte er, durchaus nicht! Ich meine ja bloß. Natürlich bin ich froh, daß du da wohnst und daß ich immer mal kommen kann – wirklich, Schatz, das habe ich nicht so gemeint, da hast du mich falsch verstanden. Prost – trink mal aus! Mit der Villa wäre es schiefgegangen, das ist mir völlig klar, die war im Grunde schon unverkäuflich, für kein Geld, und wenn Toni schlau war, dann hat er sie weiter verkauft und hat vielleicht noch ein kleines Geschäft dabei gemacht. Wie lange kannst du übrigens heute bleiben?

Na ja, ich frage ja nur, sagte er. Irgendwie muß man doch planen. Natürlich freue ich mich, daß du hier bist, und so überraschend, das war wirklich eine besondere Freude und Überraschung, Schatz. Wollen wir nochmal denselben? Aber das Wochenende – ich weiß nicht, verstehst du, in dieser Stadt kennt man mich, und natürlich wird man gekannt, gerade in meiner Stellung, da ist man nicht mehr ganz frei.

Nein, nein, sagte er. Im Gegenteil. Eine Nacht fällt gar nicht auf, ich habe ja Platz genug in der Wohnung, und morgen ist Sonnabend, da kann ich ausschlafen – du kannst dir aussuchen, wo du schlafen willst, hier auf der Couch oder nebenan in meinem Zimmer, meinetwegen auch gar nicht, natürlich, wir wollen es uns vergnügt machen, Anita, prost!

Ja, die Villa, eine richtige Herrschaftsvilla, kannst du dir gar nicht vorstellen, hingestellt in die Landschaft und dann vergessen, ein Traum, ein Alptraum. Eigentlich müßte ich mal vorbeisehen, bei Gelegenheit, ob das Haus noch steht und ob Herder da wohnt, damals war er gerade zum drittenmal verheiratet, glaube ich. Irgendwie war er ein komischer Mensch, war auch schon über 40 damals, und er war ganz anders, in Wirklichkeit, meine ich, als er sich gab mit seinem sonnigen Bubi-Lachen, das wirkte manchmal schon blöde, so ein Fernsehlachen für Nudelsuppe oder Rasierkrem, idiotisch, nicht anzusehen. Und jeden Abend hockte er da an der großen Bar und trank vor sich hin, zuerst allein – er ging fast niemals zum Dinner, er wollte nicht dicker werden –, später mit Leuten von der Crew oder von der Reisegesellschaft, Abend für Abend, 87 Abende lang – ja, auch mit mir, manchmal, das sage ich ja, da haben wir über Gott und die Welt und über Anlagen gesprochen, Aktien, Immobilien, na ja, auch über das Haus, die Villa. Natürlich hatte man sich nach vier Wochen alles gesagt, was man zu sagen hatte, wahrscheinlich schon etwas mehr, hatte sich gegenseitig alle Geschichten erzählt, die man drauf hatte, dann wiederholte sich alles und immer noch mal, auch der besoffene Weltschmerz nach Mitternacht, daß sein Leben total versaut war und eigentlich alles ganz anders hätte gewesen geworden und so, verstehst du: Was man so sagt im Suff.

Ich? Ja, irgendwie schon, sagte er, ich auch. Deswegen trinke ich meistens nur wenig. Wenn ich nicht gerade so lieben Besuch habe wie dich, Schatz – prost! Aber der Toni Herder hatte es wirklich nicht leicht gehabt im Leben, war in Polen geboren, richtig als Pole, aber seine Mutter hatte in zweiter Ehe dann einen Deutschen geheiratet – einen Reichsdeutschen, sagte er –, da war er nur noch ein halber Pole gewesen, vor allem damals, aber auch nur ein halber Deutscher, und im Krieg war er erst in russische Gefangenschaft gekommen, als Pole, und nach dem Krieg war er von den Polen eingesperrt worden, als Deutscher, und natürlich hatte er nichts gelernt, seine Mutter hatte sich nach dem Krieg wieder scheiden lassen, aber er hatte doch lieber den Namen Herder behalten, eine ziemlich verdrehte Geschichte, krieg' ich nicht mehr zusammen, jedenfalls fuhr er nun schon zum fünften oder sechsten Male um die Welt und sah schon gar nicht mehr richtig hin und ließ sich Abend für Abend vollaufen an der Bar, Pink Lady, Tom Collins, Bloody Mary, vor allem aber Whisky trank er und wettete, daß er die richtige Marke – von 25! – herausschmecken konnte. Ein komischer Mann. Weshalb er die Villa gekauft hat, weiß ich eigentlich nicht. Ich hatte ihm öfter davon erzählt, auch mal ein Bild gezeigt, schick in Farbe, und er biß an, wie ich selbst angebissen hatte, irgendwie war die Villa schon eindrucksvoll, so als Bild, den Schwamm in den Dielen und den Holzwurm im Dach konnte man ja nicht sehen. Wieso? Ich hatte es doch selber gekauft, wirklich ganz billig, für meine Mutter vor allem, damit sie wieder was Eigenes hatte, beinahe für ein Butterbrot, 18000 DM Anzahlung, und irgendwie hatte ich damals auch selbst das Gefühl, verstehst du, so ein Haus, ein eigenes Haus, das ist doch etwas, ein eigenes Dach, ein eigener Garten, und niemand kann einem was sagen, kein Mensch.

Nein, sagte er, komisch eigentlich nicht – habe ich komisch gesagt? Ich meine nur, er war ein bißchen seltsam, irgendwie, mit seinen strahlenden – du, komm lieber vom Fenster weg, bitte! Da könnten die Leute dich sehen und neidisch werden, jedenfalls, solange du nicht wieder angezogen bist. Komm, Schatz, ja? Ich muß hier auf meinen Ruf sehen.

Aber das kostet doch nichts, sagte er – Anita, bitte, sei lieb, ja? Nimm doch ein bißchen Rücksicht. Ich lebe nun mal hier und bin wer, das wollen die Leute so haben, und sie haben noch meine Mutter gekannt, verstehst du, und außerdem –.

Na ja, ehrlich gesagt, ich bin ja doch auch kein Fisch, sagte er. Man hat eben seine Bedürfnisse, das verstehst du doch, ja? Da kommt eben immer mal jemand zu mir, und ich habe es gar nicht gern, wenn – ich meine, das muß ja niemand wissen. Wir wollen uns doch nichts vormachen, Schatz, oder sitzt du jeden Abend allein im fünften Stock und wartest auf meinen nächsten Besuch? Na also!

Findest du? Wirklich? Also das müßte schon Zufall sein, die beiden da auf dem Bild sind gar nicht mit mir verwandt, überhaupt nicht, und seh' ich so aus wie ein Jude? Das war nämlich ein jüdischer Rechtsanwalt aus meiner Heimat, ich habe das Bild geerbt und will es verkaufen, demnächst, deshalb hab' ich es an den Wohnturm gehängt.

Na ja, sagte er, 12- oder 14 000 bestimmt, der Maler wird gut bezahlt, von Sammlern natürlich, der war seinerzeit ziemlich berühmt und ist es bei Kennern noch heute. Mal sehn, was rauskommt dabei.

Sicher, sagte er, die Frau ist ganz hübsch, und der Mann – also ich mag das Bild. Aber von Ähnlichkeit kann man doch wirklich nicht reden. Ich seh' doch nicht jüdisch aus, oder?

Natürlich kann man sich so etwas einbilden, sagte er. Alles kann man sich einbilden, wem sagst du das. Der dicke Herder zum Beispiel – fällt mir ein –, also der bildete sich ein, er wäre das uneheliche Kind eines Fürsten oder Grafen, irgend so eine verzahnte Geschichte, und deshalb kam er wohl auch auf die Villa. Er wollte einfach was sein und einen Rahmen haben, und für die Größe war die Villa eben spottbillig, ich meine, der reine Kaufpreis. Übrigens habe ich –.

Soll ich aufnehmen? Oder wir lassen es klingeln, ich bin eben nicht zu Hause, ich kann ja im Kino sein oder – na ja.

Na also, sagte er. Komm, Schatz, schenk noch mal ein – nein, laß das, du, sei vernünftig, wir haben doch Zeit genug.

Ach was, sagte er. Ach was, ach was. Wenn du die 40 erst hast, ich meine, als Mann, bei Frauen ist das ja etwas anders, aber als Mann: verstehst du, ich habe nichts gegen Frauen, Schatz, das weißt du, nicht, und wenn du zu mir kommst – also das ist, nicht, das ist schon 'ne Freude. Und wenn ich zu dir komme, nicht? Aber man fragt sich ja doch, verstehst du, als Mann fragt man sich, was das soll – das alles. Nächstes Jahr werde ich 42, am 11. April, da gibt es gar nichts, und du kommst niemals wieder auf die glatte Zahl zurück, verstehst du, alles Brüche, Bruchstellen, Bruch. Nein, das verstehst du nicht, Schatz, das kannst du auch nicht verstehen, ich zeig' es dir morgen mal. Aber du kommst nicht zurück. Alles Bruch. Alles wird abgebaut, irgendwann geht das los, und dann hilft nichts mehr, der Rest ist eine Rechenaufgabe – jawohl, mit jedem Taschenrechner kannst du das nachrechnen, und dann ist dein Kapital zu Ende, eines Tages, verstehst du, und dann – ja, das denke ich manchmal. Was soll das. Als Mann. Prost, Anita, bist schon 'ne tolle Nummer, jawohl. Und wenn du mir sagst, Anita, du bist nur zufällig vorbeigekommen – also ich glaube dir alles, aber das glaube ich nicht.

Verstehst du – nein, gar nicht, aber das glaube ich eben nicht, glaub' ich dir nicht. Meinetwegen aus Liebe, das soll es geben, dagegen kann man nichts sagen, bitte sehr, meinetwegen. Aber aus Zufall nicht. Da kenn' ich mich aus. Und deshalb, verstehst, also ich muß jetzt schlafen.

Wieso? Der Toni Herder? Der war doch schon über 40 – jawohl, na ja, bin ich auch. Aber deshalb mußt du mich nicht auslachen, Schatz, das tut man nicht, jeder wird einmal 40, wenn er nicht – jawohl, laß' ich mir nicht gefallen. Denn du kannst vieles sagen gegen die Juden, und der alte Herr Rosen da, na, und meine Mutter hing an dem Bild, aber das kann ich dir sagen, schlau sind sie und haben gesagt, in ihrem Talmud, verstehst du, daß die Welt ohne Männer und Frauen nicht bestehen kann, ist ja klar, aber: Wohl dem, dessen Kinder männlich sind, wehe dem, verstehst du, dessen Kinder weiblich sind – so ist das, Schatz, die wissen Bescheid.

Was lachst du? Was lachst du mich aus?

Er wachte auf, mühsam. Trübes Novemberlicht. Viertel nach 8. Über den Augen ein dumpfer Schmerz. Zerschlagen. Langsam richtete er sich auf, hinter der Stirn ein Stechen: der Wein, billiger Wein. Und Anita. Ich kann nicht mehr so, so wie früher. Lo darf nichts merken, nichts wissen. Lo kommt um 11. Noch früh. 8 Uhr 23. Er sah, daß die Überdecke von seinem Bett gerutscht war. Anita lag auf dem Boden, halb zugedeckt, nackt, sie schlief. Sie schlief mit offenem Mund. Gelöst. Zufrieden. So war sie immer. So war sie immer gewesen. Plötzlich schlug sie die Augen auf, sah ihn an: Na, du? Wie war's denn?

Er legte sich wieder zurück, sah gegen die Zimmerdecke, murmelte etwas, das wie Guten Morgen klingen konnte.

He!, sagte sie. Alter Herr!

Er drehte sich auf die Seite, sah zu ihr hinunter. Mir ist nicht so, sagte er. Entschuldige, bitte. Mein Kopf!

Sie streckte die Arme unter der Decke hervor, gähnte genüßlich. Er merkte, daß er Angst hatte: Fleisch, diese schweren Brüste, weiches Fleisch, erstickend, Amme, Mamma, wer?

Soll ich schon Kaffee kochen?, fragte sie, setzte sich auf. Ich hab' auch schon weicher geschlafen, du!

Sie rieb sich über die Hüften, erhob sich dann: ein Frauenkörper, Weiberkörper, Mamma ohne Kind.

Hätt'st ja drüben schlafen können, sagte er. Im Wohnzimmer ist Platz genug, auf der Couch.

Langsam stand er auf, setzte sich wieder. Um 11. Lo darf nichts merken. Bis um 11. Er sagte: Den Kaffee mach' ich schon – wenn du erst ins Badezimmer? Handtücher liegen im Schrank, linkes Fach oben.

Sie stand vor dem großen Spiegel, sah sich prüfend an, strich das Haar zurück, zufrieden, lächelte. Als sie hinausging, wandte sie sich noch einmal um; hastig zog er die Pyjamahose hoch. Sie schüttelte den Kopf: Du hast es nicht leicht mit dir – ja?

Ach was, ich habe Kopfschmerzen. Wahrscheinlich der Wein. Ich bin den Alkohol nicht mehr gewohnt.

Er hob die Decke auf, Flecken, Spuren, warf sie auf das Bett; am liebsten hätte er den Bezug gleich in die Waschmaschine gesteckt. An den Fingern ein klebriges Gefühl. Er hatte sich nicht mehr gewaschen, gestern. Doch keine Probleme mit Anita, bei Anita, zweimal sogar. Wenn sie wiederkam aus dem Bad –. Rasch ging er in die Küche, stellte den Wasserkessel auf den Herd, ließ die Kaffeemühle aufheulen: Starker Kaffee konnte helfen, manchmal, bitter schwarz, half vielleicht.

8 Uhr 57. Butter. Marmelade. Scheibenkäse. Kein Brot mehr. Er rief in den Flur: Magst du Knäckebrot?

Hinter der Badezimmertür versiegte das Wasserrauschen. Anitas Stimme kam: Ist was?

Ich habe kein Brot mehr im Haus, nur Knäckebrot!

Sie öffnete die Tür einen Spalt, nasse Haare halb in der Stirn:y Das schadet doch nichts. Bin ich zum Essen hier?

Er erinnerte sich an München, mitternachts, briet Speck und Spiegeleier, deckte den Tisch dann in der Küche, 9 Uhr 19, zog den Hausmantel über, Mutters letztes Weihnachtsgeschenk, weinrot geblümte Kunstseide, er hatte ihn nie getragen bisher, zog den losen Gürtel in zwei Knoten zusammen. Dann schenkte er sich eine Tasse Kaffee ein.

Sie trat in die Küche, 9 Uhr 33, schnupperte, sah ihn wach an und kritisch: Hast du was?

Ich habe Kopfschmerzen, wirklich, beteuerte er. Starke Kopfschmerzen. Und außerdem habe ich um halb 11 eine Verabredung, tut mir leid, ich hatte nicht daran gedacht.

Warum sagst du das denn nicht gleich?! Hör mal, wenn mein Besuch dir nicht paßt: Meinetwegen fahr' ich schon heute morgen weiter – ich habe dir ja gesagt, ich war nur zufällig in der Gegend, ein Katzensprung von Frankfurt, und da dachte ich eben, mal sehn, was mein Hauswirt so macht.

Na ja, sagte er. Ich habe mich ja auch gefreut, ehrlich, und wenn's nach mir ginge, also ich würde dich gern übers Wochenende bei mir behalten. Nimmst du Sahne?

Unsinn!, sagte sie. Eigentlich bist du doch langsam zu alt zum Schwindeln – erzähl mir doch nichts! Komm, sei brav, sei lieb –. Wir frühstücken jetzt in aller Ruhe zusammen, und dann fahre ich wieder.

9 Uhr 51. Noch Zeit genug.

Wie du willst, sagte er. Aber an diesem Wochenende habe ich wirklich keine Zeit. Ich hatte eine Bekannte gebeten, daß wir zusammen nach Arolsen fahren, ein Kaff bei Kassel, wegen des Bildes – das am Wohnturm hängt, verstehst du, das will ich verkaufen, wenn sich das lohnt. Aber vorher muß ich noch klären – na ja, das ist eine lange Geschichte.

Wir könnten auch mit meinem Wagen fahren, schlug sie vor.

Nein, danke, danke sehr. Er merkte, daß er etwas zu hastig abgelehnt hatte.

Ist schon gut, sagte sie. Wir sehn uns dann wieder in München, ja?

Natürlich, Schatz. Bald.

Er wußte, daß er die Mieterhöhung wieder nicht mit ihr besprechen würde, nicht einmal das.

Natürlich, Lo, ich warte ja schon auf dich (oder auf wen warte ich wirklich). Du wolltest doch gegen 11 – (kommt Lo darf nichts merken Anita wenn ich nur für mich bin wenn ich nicht für mich bin für wen).

Ich hatte gestern abend schon angerufen, Paul. Aber du warst nicht zu Hause (zu hause Anita soll ich Lore kann nicht verstehen Anita ist anderes fleisch weich wärme zu hause wann bin ich zu hause wo bin ich zu hause wann war ich zu hause Lo).

Ja, ich war noch im Kino (Anita).

Der Arzt meinte nämlich, ich soll mich lieber noch etwas schonen (schone dich Lo ich sage dir nichts du bis zum tage meines todes aber was dann).

Dann fahren wir also heute nicht (aber wann denn wann kann ich dir sagen Lo soll ich dir sagen)?

Doch, schon, aber erst nachmittags (bis dahin allein und müde Anita das weißt du nicht).

Dann müssen wir unterwegs übernachten, am besten in Arolsen (war niemals in Arolsen aber Onkel in Arolsen lohnt sich wirklich ein häuschen terrasse ölheizung Onkel).

Jedenfalls meinte Dr. Kleber, ich sollte mich lieber noch ausruhen, bevor wir fahren (aber wohin Lo wohin du bedenke woher du kommst wohin du).

Na ja, gut, wenn er meint, meinetwegen. Ich habe uns auch noch gar nicht angemeldet, will Onkel überraschen. Dann kann man besser verhandeln (handeln rechtsanwalt Rosen für 500, 1000, 5000, 9000 wer bietet mehr bietet weniger mehr).

Ich komme dann gegen 4, vielleicht etwas früher (oder später vielleicht schon zu spät Lo Lore zu spät oder).

Danke, ja. Fühlst du dich sonst soweit gut (du Lore so weit von mir ohne weg woher du kommst wohin du gehst)?

Danke, es geht, ganz gut. Gestern war ich schon mal in der Stadt zum Einkaufen. Aber das hat mich noch ziemlich angestrengt (bin müde bin matt Anita).

Man muß sich vorsehen bei einer Grippe, hat meine Mutter immer gesagt. Das bleibt nicht in den Kleidern hängen (jungchen an Mutters rockschößen jungchen an einem seidenen faden mein junge das mäntelchen nach dem winde).

Ich paß schon auf, Paul (daß nichts passiert daß sie nichts merkt Lo darf es nicht wissen).

Oder wir fahren erst nächstes Wochenende? Das wäre mir auch recht, wirklich. Ich bin heute ziemlich müde, habe nicht gut geschlafen (neben Anita mit Anita unter Anita bin müde mag nicht mehr Lore Anita Susi Sheryll Kathy und).

Ach nein, es geht schon. Ich finde, die Geschichte mit dem Bild muß erstmal geklärt werden (Mutters bild Onkels bild Rosen das müßte schon zufall sein Marx Lingner sind gar nicht mit mir verwandt rein arisch).

Wie du willst, Lo (aber du weißt es nicht wirst es nicht wissen mich niemals wissen das kannst du zu jung nicht verstehen).

Also bis nachher (bis es zeit wird bis es spät wird zu spät schon vielleicht).

Ja, ich warte dann hier auf dich. Manchmal denke ich, ich sollte mir doch wieder ein Auto anschaffen (denke ich manchmal denkst du mich denke uns).

Aber du brauchst doch keins, solange du mich hast (solange lange zu lange schon Lo ich will nicht ich kann nicht so lange Lo hörst du Lore so lange).

Na ja, ich fahre ja auch nicht gern, du weißt schon, mein Bein (weißt schon aber nicht mich).

Also bis gegen 4, Paul (ich Paul mein junge jungchen du weißt mich Mutter).

Danke. Bis dann (aber bis wann soll ich warten du wann).

VIII.

Sie legte den Hörer auf, zögernd. Sie wußte, er sagte ihr nicht die Wahrheit, sagte nicht wirklich, was war, sagte nicht alles, wieder nicht, immer noch nicht. 41 war er, vierzehn Jahre älter als sie, aber ein Kind noch, ein Junge, wie seine Mutter ihn gerufen hatte: Jungchen. Jungchen. Ein geschlagenes Kind, eingeschüchtert von Schlägen, ein Junge, der einen Mann darzustellen versuchte, ohne zu wissen, was das eigentlich war: ein Mann. Er traute sich nicht, die Wahrheit zu sagen. Er log wie ein Kind: in der uneingestandenen Hoffnung, die Lüge würde durchschaut, die Wahrheit würde von selbst offenbar werden. 41 Jahre alt, in graues, gedecktes Kammgarn gekleidet, leichtes Embonpoint, auch die Haare schon etwas grau und gelichtet, neuerdings mit der Lesebrille in der Brusttasche, das gesammelte, etwas dickliche Gesicht stets dem anderen freundlichhöflich zugeneigt: ein Bankangestellter alter Schule mit ausgezeichneter Führung, guten Erfolgen, beliebt bei der Kundschaft, ohne erkennbaren Fehl, aufgestiegen in die Gehaltsgruppe 8 und mit berechtigten Hoffnungen auf Beförderung in Gruppe 9: und doch nur ein kleiner Junge, verprügelt, verstört, mit niemals vernarbten Wunden. Damals, so lange schon her, acht Jahre, zu lange Jahre schon, um sie einfach vergessen, sie abschreiben zu können: Damals, nach Vaters Tod, als er zum erstenmal in die Wohnung kam (unser Herr Lingner wird Sie persönlich beraten), war er für sie ein jüngerer Mann, nicht mehr ganz jung, aber noch beinahe sportlich, braun gebrannt, beinahe schlank, obwohl er schon damals, 33 Jahre alt, in einem fast altväterlichen Tonfall sprach, betulich, beruhigend, Zuversicht verströmend, Hoffnung, Zweifel behebend, angemessene Sicherheit bietend in dieser – sagen wir einmal, gnädige Frau, doch nicht ganz abgesicherten – Zeit, nicht wahr? Schon bei diesen ersten Begegnungen war es ihr vorgekommen, als spiele er sehr geschickt eine bestimmte Rolle mit allen Tönen und Nebentönen und gleichzeitig höre und sehe er sich dabei zu. Sein Auftreten erschien ihr ein wenig zu gekonnt, zu glatt, als daß sie sich vorstellen konnte, seine Rolle – und nur diese eine Rolle – würde ihn ganz und gar ausfüllen. Sie glaubte einfach nicht, daß der Anlageberater Lingner nur das war, was er vorspielte, gedeckt von den Vollmachten und offenbar ausgestattet mit dem Vertrauen seiner Bank: solide, zuverlässig, anständig, ein uneigennütziger Helfer von Witwen und Waisen wie aus Großmutters Schullesebuch. Sie meinte zu spüren, daß hinter der Maske mündelsicherer Aufrichtigkeit anderes und mehr war: Was er sagte, schien ihr richtig, vernünftig, einleuchtend; doch was er nicht aussprach, das hätte sie gern gewußt.

Damals erzählte er, beiläufig und eher bescheiden, von einer Weltreise, die er eben beendet hatte: Aber nein, gnädige Frau, der Luxus hielt sich durchaus im Rahmen des Gutbürgerlichen, und wenn ich ehrlich sein soll: Ich glaube kaum, daß diese Reise mich, wie wir das doch eigentlich immer erhoffen, wirklich gebildet und erweitert oder mich gar zu einem anderen Menschen gemacht hat. Gerade die seltsame Mischung seiner weltläufigen Erfahrungen – Colombo ist schon eine faszinierende Stadt, ich werde nie die Raben vergessen, riesige schwarze Vögel – mit der Biederkeit kleinbürgerlicher Spekulationen – Ich habe meiner lieben Mutter, die mir diese Reise ermöglichte, einen echten Saphir mitgebracht, der allein die Fahrt gelohnt haben dürfte – zog sie auf seltsame Weise an, über den großen Altersgraben hinweg. Es war hinzugekommen – erst sehr viel später war ihr das klargeworden –, daß auch ihre Mutter, damals gerade erst Anfang 40, Herrn Lingner mit einem freundlichen, ihr selbst vielleicht kaum bewußten Wohlwollen angesehen hatte, und zwar als einen Mann ihrer eigenen, der Eltern- und Kriegsgeneration, mit dem die Verständigung mühelos war. Was sie aus gelegentlichen Bemerkungen und Erzählungen ihres Vaters und aus viel zu rasch abgehandelten Geschichtsstunden nur vage kannte, die düstere Bitternis von Krieg und Nachkrieg, eine ferne Notzeit, in der die Älteren jung gewesen waren, das verband als gemeinsamer Erfahrungsgrund ihre Mutter mit dem Herrn von der Bank. Mit wenigen Stichworten und Reizwörtern konnten die beiden sich über Tatsachen und Erlebnisse verständigen, von denen sie nichts wußte, die sie bestenfalls in Büchern aus Vaters Bücherbord nachlesen konnte, ohne sie wirklich und ganz zu begreifen. Als sie nach und nach zu verstehen begann – sie hatte viel gelesen in diesen Wochen – und die Elternvergangenheit nicht mehr allein aus ungeheurem, unnennbarem Schrecken bestand, sondern gegliedert werden konnte mit Tatsachen und Zahlen, da kam Herr Lingner schon nicht mehr zum Tee. Das Versicherungsgeld war angelegt bis auf eine kleine Barreserve, für die Herr Lingner zwei Sparbücher mit gesetzlicher Kündigungsfrist empfahl, der Stein auf Vaters Grab war schon aufgestellt worden, und nur noch selten hatte Mutter auf der Bank zu tun: Die Kontoauszüge fanden sich morgens im Briefkasten, zuverlässiger, selbstverständlicher, anonymer Kundendienst, und wesentliche finanzielle Entscheidungen standen zunächst nicht mehr an. Herr Lingner vertraute entschieden auf das künftige Steigen der Aktienkurse und das, wie sich bald zeigte, mit Recht: Das Anlagekonto vom Broich stieg innerhalb von knapp drei Jahren fast auf die doppelte Summe an.

Das war etwas, was er ihr später gelegentlich eingestand: Natürlich habe er Glück gehabt, ganz einfach Glück, oder besser: Der Unfalltod ihres Vaters sei gerade im rechten Augenblick gekommen, vom Aktienmarkt her gesehen. Sie hatte ihm beinahe die Hände zerkratzt: Wie kannst du so etwas sagen, du – du gemeiner – du Kerl! Aber wie denn, was denn: Er habe das doch nur und ausschließlich von seiner Funktion als Anlageberater her gesagt und geurteilt. 66 sei eben ein Börsentief gewesen, und es habe damals wirklich nicht viel Geschick und keine besonders gescheite Analyse dazugehört, einer Witwe mit 150000 DM Barvermögen zur Anlage ihres Geldes in ausgewählten Standardaktien zu raten. Bayer bleibt eben Bayer, Schatz, sagte er, und AEG bleibt AEG, das ist so sicher wie unsere CDU-Mehrheit, und wenn sie widersprechen wollte, lachte er sie freundlich aus: Na ja, na ja, wir werden sehen, Schatz, meinetwegen mag der Schiller ja ein ganz guter Minister sein, doch auf die Dauer machen die Roten unsere Wirtschaft kaputt, da hilft kein

Beten und kein Spekulieren, und dann sind wieder die anderen dran, die was von freier Marktwirtschaft verstehen. Was er sich allerdings wirklich zuguteschrieb bei der Beratung der Familie vom Broich, das war die völlige Umschichtung des Vermögens im Sommer 1969: Als nahezu jedermann auf die fortdauernd steile Aufwärtsbewegung der Aktienkurse setzte – und er selbst hatte damals noch, wie er ihr später gestand, seine Ersparnisse in Bayer-Wandelanleihen angelegt, die ihm und jedem Fachmann eine solide und sichere Beteiligung am weiteren Börsenaufschwung zu garantieren schienen –, da riet er Frau vom Broich, die inzwischen erzielten Kursgewinne zu realisieren: den ganzen Aktienbestand zu verkaufen und das Geld anzulegen in einem Immobilienfonds. Dieser Rat hätte ihn – auch das ließ er gelegentlich einfließen – beinahe seine Stellung gekostet, zumal er den Kauf von Coop-Zertifikaten empfohlen hatte, wobei er eingestandenermaßen gegen sein Bank- und Bürgergewissen Frau vom Broich auf den kostensparenden Umweg hingewiesen hatte, zunächst, für eine Einlage von nicht mehr als 50 DM, der örtlichen Konsumgenossenschaft beizutreten und als Mitglied dann die nicht unerheblichen Rabatte beim direkten Kauf der zweifellos zukunftssicheren Coop-Zertifikate zu nutzen.

Damals hatte ihre Mutter noch nichts gewußt, nicht einmal etwas geahnt. Gelegentlich besuchte er sie während des Semesters in Göttingen, und in den Semesterferien trafen sie sich so unauffällig, daß lange Zeit niemand eine nähere Beziehung zwischen ihnen vermuten konnte. Das war seine Vorsicht gewesen, vielleicht auch Furcht davor, noch einmal in die Zwänge kleinbürgerlicher Moralbegriffe zu geraten. Ihr war das gleich. Sie gestand sich ein, daß sie diesen Mann liebte, so wie er war, so seltsam wie er war, und sie hätte von sich aus keinen Anlaß gesehen, das vor anderen zu verbergen. Sie wußte zwar längst, daß er sie gar nicht meinte mit seinem unbeholfenen Werben: daß er nach einem Menschen suchte, den es wahrscheinlich so gar nicht gab, und sie wußte auch, daß er ihr keine Sicherheit geben konnte, nicht einmal die kleine Scheinsicherheit von morgen und übermorgen, Ring und Siegel und Unterschrift, geborene vom Broich. Er traute sich nicht, er traute sich selbst nicht. Aber das war eben so, und sie nahm es so, wie es war, nahm ihn so, wie er war. Hinter seiner fehlerlos gespielten Rolle als solider Bürger spürte sie seine Angst. Er war unsicher: Niemandem vertraute er ganz, auch ihr nicht, nicht einmal seiner Mutter, und deshalb konnte er nicht immer die Wahrheit und konnte niemals die ganze Wahrheit sagen. Eine Zeitlang ertrug sie das nicht mehr, wollte nichts von ihm wissen und hören, antwortete nicht auf seine Briefe, mied jede Begegnung, jedes Gespräch. Aber dann schrieb sie ihm doch wieder, und sie feierten Versöhnung bei einem verregneten Sauerland-Wochenende, sogar mit Kenntnis ihrer Mutter. Seitdem hielten sie ihre Zusammenkünfte nicht mehr verborgen, obwohl er zu einem Besuch in der Wohnung vom Broich nicht zu bewegen war. Immer noch sagte er Gnädige Frau zu ihrer Mutter, war höflich über Gebühr, wenn er ihr in der Schalterhalle begegnete, und er tat so, als gäbe es nichts als die bewährte Beziehung zu der geschätzten Kundin der Bank. Ihre Mutter allerdings ließ keine Gelegenheit aus, Zweifel an den menschlichen Qualitäten des sonst gewiß sehr tüchtigen Herrn Lingner anzudeuten, ohne daß sie aber mehr als skeptische Vermutungen geäußert hätte. Irgend etwas schien sie verbergen zu wollen.

Vater war tot. Ein Unfall. Sie konnte ihn nicht mehr fragen. Mein Kleines. Warum. Kein Unfall: nachmittags, trockener Asphalt, das helle Holz unter der Rinde, bloß geschabt, bloßgelegt. In tiefer Trauer. Warum.

Sie fragte zuletzt nicht mehr, nicht ihre Mutter, nicht Paul. Die Rendite der Coop-Zertifikate betrug im Durchschnitt der letzten Jahre fast 10 Prozent, davon ein gutes Teil nicht zu versteuernde Wertsteigerung: Paul rechnete ihr das vor, riet zu, riet ab, betulichhöflich dann auch mit ihr, darüber gab es gar nichts zu diskutieren. Mutter hörte nicht, wenn sie fragte. Paul antwortete nicht, nicht das, was sie wissen wollte: Was war wirklich gewesen? Die Zahlen stimmten, und das war sein Stolz. Dabei war sie ganz sicher, daß die Exaktheit seiner Rechnungen, die Zuverlässigkeit seiner Zahlengitter, sein immerwährendes Spielen mit Summen und Werten nicht das war, was sein Leben und Denken wirklich ausmachte; sonst hätte sie ihn lange verlassen. Sie wußte: Er verbarg sich dahinter, suchte Zuflucht in den genauen Quadraten der Rechenpapiere, spann sich ein in Statistiken, Kalkulationen, Zinsen, Prozenten. Das war seine Wahrheit, sein Versuch zu Wahrhaftigkeit. Günther lachte sie aus: Weil du nicht wagst, dich von ihm zu trennen, weil er dein Ersatz-Vater ist, dein strenges Über-Ich, von dem du nicht loskommst, deshalb erfindest du Ausreden für dich selbst. Siehst du denn wirklich nicht, was er ist, wie er ist – wie trocken er ist, ausgedörrt von Zahlen, ein alter Mann schon, der nichts mehr weiß und nichts mehr kann als zählen?! Das sieht doch ein Kind. Sie tanzten, wie jeden Abend an Bord, und Paul saß wieder allein am Tisch, hinten neben der Bar. Sie sah zu ihm hin, angestrengt, nickte ihm zu. Er tat, als habe er sie nicht bemerkt. Nun laß ihn doch, sagte Günther. Er rechnet gerade aus, was jeder Tanz ihn gekostet hat. Merkst du nicht, daß er gar nicht gestört sein will? Übrigens liebe ich dich.

Er legte den Hörer auf. Bis dann. Bis wann. Und wenn nicht jetzt, wann denn? Ein Doppelzimmer für 50 Mark, mindestens 50. Aber die Fahrt umsonst, und das Bild 10000 wert, mindestens. Ein Erbstück: Rechtsanwalt Dr. Rosen und Frau Gemahlin. Geerbt. Auf mich gekommen. Ich bin der rechtmäßige Erbe. Bis dann. Vorsichtig reden mit Onkel, vorsichtig handeln, verhandeln. Vielleicht denkt er wirklich nur an 800 Mark, die Zahl steht in seinem Brief, er weiß nichts, vielleicht. Man muß sich heranhandeln an die 800, mit der Hälfte beginnen, bei 600 stehenbleiben, endgültig, keine Mark mehr, ich bin doch nicht übergeschnappt, zuletzt vielleicht auf 650 nachgeben, höchstens 700. Wenn er wirklich nicht weiß, was das Bild wert ist. Am besten ganz zufällig kommen, wir waren zum Wochenende im Sauerland, ganz überraschend, und Hilda muß dabei sein, sonst wagt er nicht sich festzulegen: Was meinst du, Süße? Damals sagte er immer Süße zu Hilda. Am besten am Sonntagvormittag, dann sind wir zum Frühschoppen fertig, um 12. Heute bis Arolsen fahren, in Arolsen übernachten, heute wäre ich sowieso, Anita, zu müde, Onkel würde mich unterbuttern, und morgen früh dann, nicht zu früh: Hallo, Onkel! Und was das Bild angeht, du hast doch selber gesagt. Wie kannst du behaupten. Aber Onkel. Schließlich war ich dabei. Ich bin der Erbe. Das habe ich schriftlich. Das gilt nicht. Das hast du selber gesagt. Das hat mir Mutter gesagt. Auf dem Sterbebett habe ich ihr versprochen. Natürlich will ich das Bild behalten. Wieso? Verkaufen bringt doch nichts ein, wer interessiert sich für die verstorbenen Rosens, und außerdem. jawohl, Mutters Bild. Du hast das gesagt. Mein Herz hängt daran, nicht wahr, Lore, das weißt du doch auch. Bitte sehr, bitte, bin ich meinetwegen sogar bereit. Wäre ich ausnahmsweise bereit. In Anbetracht unserer alten Freundschaft könnte ich dir. Wenn auch. Keinesfalls über 500. Aber Onkel. Aber Hilda. Aber Lo. Schließlich hat meine Mutter. Jawohl, mit aufgerissenen Händen. Mit blutigen Händen. Jawohl, auch für dich. Auf dem Sterbebett. Ich bin der Erbe. Du hast doch damals jahrelang, jawohl, fast neun Jahre lang in Rosens Villa hast du gewohnt, und du weißt selber am besten, wie du das Haus bekommen hast. Ich sage ja gar nichts, bitte. Darüber will ich kein Wort verlieren, vielleicht hast du das wirklich geglaubt, ich kann das nicht beurteilen. Aber wenn du mir so kommst. Wieso soll ich für etwas bezahlen, was mir gehört? Aus alter Freundschaft, das sage ich ja. Natürlich auf freiwilliger Basis, sozusagen als Ausgleich, und höchstens. Damit unsere Freundschaft nicht wegen so einem läppischen. Jawohl, läppischen, das Bild hat doch überhaupt keinen realen Wert. Ach was, das will niemand haben. Dafür zahlt mir kein Mensch mehr als 300 Mark und 50 Mark für den Rahmen. Was ich dir sage, höchstens 400. Aber Hilda. Aber Onkel. Weil mein Herz daran. Ich tue das nur. Jawohl, ich will mir von dir nicht sagen lassen. Aber schriftlich, bitte. Für alle Fälle. Ich will gern großzügig sein, aber nur mit Vertrag. 600. Jawohl, mein letztes Wort. Auf freiwilliger Basis. Damit kein Unfriede. Damit der Friede. Meinetwegen noch 50 Mark für den Rahmen. Damit du nicht das Gefühl hast. So ungefähr.

Arolsen. Ein Doppelzimmer mit Lo. Nichts, wieder nichts. Sie ist zu schlank, zu schlank für mich, zu jung für mich, ein Kinderkörper, die Mädchenbrüste. Nicht mein Typ. Dann ist nichts, geht nichts, irgendwie. Und wenn das erstmal begonnen hat: Hast du was habe ich was ist denn bloß du es ist nichts wieder du hilf mir doch du was ist mit mir uns. Zuerst die Angst, daß nichts ist. Tut mir leid, Lo. Du. Vielleicht, weil sie so schlank ist, fast hager. Fast wie ein Kind: Du sollst nicht du darfst nicht mein Junge Jungchen. Oder sie selber hat Angst, vielleicht hat sie auch Angst:

Vor wem hast du Angst? Mutter war nicht für Lo, war auch nicht für Susi, aber Jungchen, nicht für Anita, vielleicht ein bißchen für Anita, aber sie kannte sie gar nicht richtig. Mutter liebte Gerlinde, Gerlinde und Clemens, und was dann war mit mir und Gerlinde, das hat sie niemals verstanden: Aber man fügt sich doch, Jungchen, sie ist so tüchtig, kein Stäubchen, und der Junge braucht seinen Vater. Jungchen. Mein Junge. Sie weinte oft, verbarg ihren Kummer nicht: Der arme Junge. Und Gerlinde, sie hat das bestimmt nicht verdient. Vielleicht hatte sie sich selber beweint in Gerlinde, verlassen, ihre eigene Einsamkeit, daß Onkel fortgegangen war, Vater nicht wiedergekommen, nur einmal, und dann nie wieder. Er vergaß das nicht: Ein fremder Mann saß auf der Treppe, vor den Mansardenzimmern bei Otterbeins, am späten Nachmittag, der enge Treppenaufgang war schon halbdunkel, und er erschrak, als der Mann sich bewegte, wollte umkehren, fortlaufen, aber der Fremde packte ihn, hielt ihn: Paul! 14 war er damals, sein Vater war nur noch ein abgegriffenes Foto in Mutters Ausweistasche gewesen, vermißt: Da hockte er auf den Treppenstufen, drängte: Sei leise, daß niemand was hört, ließ sich das Zimmer aufschließen, das Küche war und Wohnzimmer, auch sein Schlafraum, das niedrige Fenster nach Süden hin, und der Mann setzte sich neben den Herd, der noch etwas warm war vom Mittag, schob ein Lumpenbündel unter den Tisch, sagte mit heiserer Stimme: Hast du nichts zu trinken? Er erinnerte sich: ein Mann namens Vater. In der Emaillekanne auf dem Herd gab es noch lauwarmen Kaffee, bitteren Kaffee-Ersatz. Der Mann hatte zwei Tassen getrunken, hatte sich umgesehen: Brot? Er hatte keine Worte gewußt, und dann war Onkel gekommen: Mensch, Karl, ich werd' verrückt! Wo kommst du denn her? Wo willst du denn hin? Er hatte zugehört, wie sie redeten, hatte gemerkt, was war: Der Vatermann durfte nicht hier sein, niemand durfte ihn kennen, und er wollte nicht bleiben, nicht hier, nicht in Deutschland: Das glaubst du nicht, Berthold, wenn niemand mehr ein Stück Brot für dich hat, und ich habe doch nichts getan, ich habe doch nur getan, was ich tun mußte nach Befehl und Gesetz. Zwei Nächte blieb er, der sein Vater gewesen war, rauchte Onkels selbstgeernteten Tabak, aß alles Eßbare auf, schlief auf dem Dielenfußboden im Küchenzimmer – ich will nicht stören, das macht mir nichts –, war plötzlich wieder verschwunden, kam niemals wieder. Lange Zeit später hatte es noch zwei oder drei Briefe gegeben, ein fremder Name, aber die gleiche Handschrift, und 55 war er endlich für tot erklärt worden, gestorben, kam nicht zurück, antwortete nicht mehr auf Mutters Briefe, und was Mutter dann noch erzählte, später, das hatte schon nichts mehr zu tun gehabt mit dem Mann, den sie zwei Nächte lang in Otterbeins Mansarden versteckt gehalten hatten und der nach Kanada wollte oder nach Argentinien, irgendwohin, wo er noch einmal anfangen konnte. Gestorben. Als Todesdatum wird festgestellt. Er hatte das nicht vergessen, auch nicht die letzte Nacht: Er war aufgewacht von Lauten im Nebenzimmer, Mutter, Onkel, der Vater, mühsam gedämpfte Stimmen, Mutter weinte dazwischen, er wollte aufstehen, sie schützen, war müde, wußte seine Ohnmacht gegenüber den alten Männern, die immer heftiger wurden, böse alte Männer, du, nein du, du, rauhe Worte, Flüche, Mutters Weinen, ihre Stimme, und dann war es plötzlich wieder ruhig geworden, das Quietschen der Zwischentür, der glühende Punkt von Vaters Zigarette, Vaters Atmen, und morgens war er allein im Zimmer: Wo ist er? Sie zuckten die Schultern: Daß du bloß kein Wort sagst, verstehst du? Kein Wort! Und Mutter hatte rote Augen gehabt, müde Augen, kleine Augen: Vergiß das, Jungchen, es hat keinen Sinn, man muß sich fügen, ich habe ja dich.

Hatte mich. Jungchen. Hat mich behalten, 41 Jahre, nein: 40 genau, und niemand wußte wie sie, wußte mich so. Niemand weiß das. Lo ist zu jung. Zu schlank. Fast ein Kind noch.

Manchmal. Manchmal nichts. Bis dann. Wir quälen uns. Warum. Was soll das. Wenn sie mich doch nicht versteht, nicht verstehen kann. Schluß machen, endlich: Ich sollte Schluß machen, ich weiß, muß Schluß machen. Ich wollte Schluß machen, gleich nach der Reise, du, wir, ich hätte Schluß machen sollen. Da wußte ich, daß sie es nicht ist, nicht sein kann, niemals. Jungchen. Wieder verloren. Mit 40 ist man durchaus noch nicht alt, im besten Alter, Anita, Susi, da habe ich haben wir immer und immer wieder. Mit 40, mit 41. Es hat keinen Sinn mehr, Lore. Man muß auch mal nein sagen können muß auch verlieren können. Lo, ich wollte endlich wissen, ob sie es war, ob sie es sein konnte für mich.

Eine Reise, du, zusammen mit dir. Eine Reise als Probe, letzter Versuch. In den Süden natürlich, Teneriffa, Tunis, Zypern, wir sehen uns mal die Prospekte an, oder Ägypten, die Pyramiden, Luxor, warum nicht. Mallorca kommt nicht in Frage, nein. Meinetwegen auch nach Jerusalem, bitte, ich habe nichts gegen die Juden, nur nicht so eine Rundfahrt auf den Spuren des Herrn, bitte, ich steh' nicht auf frommen Liedern, ich bin kein Pilger. Vielleicht eine Kreuzfahrt in die Karibik, das ist gesund und erholsam, Jamaica kenne ich schon, ein herrlicher Strand, oder ins Mittelmeer, bitte sehr, wenn du meinst. Na ja, Israel, warum nicht, meinetwegen: Wir reisen nach Jerusalem – kennst du das? Die Reise nach Jerusalem: Einer gewinnt immer, und wenn man rechtzeitig aufhört, gewinnen zwei. Man muß nur den Mut haben. Man muß es versuchen, du, laß es uns einfach versuchen. Ja? Wann du willst, aber bald, sobald du es einrichten kannst mit dem Urlaub, wir sprechen uns ab. Gedacht und geplant und gewünscht im Sommer 73, im Herbst 73, aber der Krieg dann, plötzlich Yom Kippur, Suez, Golan, vielleicht ist im Winter Frieden, oder im Frühling, bestimmt, im März paßt es mir noch am besten, muß es denn Israel sein? Er sammelte Reiseprospekte, las, berechnete, verglich die Angebote, immer wieder. Wenn wir schon reisen, verstehst du, das kostet natürlich, ich sage ja nichts, aber man soll doch nicht mehr bezahlen als unbedingt nötig, verbraucherbewußt. Man muß auch nein sagen können. Wenn du wirklich nach Israel willst, bitte sehr. Eine Woche Jerusalem, eine Woche Nathanya, da können wir baden, Halbpension 995. Und von Jerusalem aus nach Bethlehem, Jericho, alles inklusive. Grand Metropol kostet 98 Mark mehr. Oder mit der »Irpinia« von Genua über Malta, Beirut nach Haifa, zwei Tage sind Zeit genug für Nazareth und Jerusalem, dann sehen wir auch noch Istanbul, Jalta, Athen, Tourist B, Zweibett außen, 1800, 50 DM Ein- und Ausschiffungsgebühren, das wird zu teuer, wofür eigentlich, dazu noch der Schlafwagensonderzug nach Genua, nein. Oder wir fliegen nach Zypern, von da nach Beirut und nach Haifa, warum nicht, wird auch nicht teurer, ist sogar billiger. Oder mit diesen Dänen von Kopenhagen nach Jerusalem, die sind am preiswertesten, sogar mit Vollpension. Oder hier, Flug Frankfurt – Athen, zwei Wochen Rundreise mit dem Schiff, »Atlas« heißt es, sieht hübsch aus. Oder nur sieben Tage Rundfahrt, wenn's unbedingt sein muß, vielleicht ist bis dahin schon wieder Krieg in Israel, also ich finde. Im Grunde ist das nur eine Rechenaufgabe, was willst du, was willst du nicht. Hier: 1040. 1698. Da: 778, aber natürlich ohne. 1287, einschließlich. 2220, dabei gibt's Vollpension. 579, billig ist billig, man macht sich selber was vor, das ist einfach billig. 1694. 2254. Unter 2000 kommen wir schließlich nie, für zwei Wochen. 997, aber dazu, und dann noch, und wenn man bedenkt. 2053. Dann könnten wir gleich die Kreuzfahrt, verstehst du, ein außergewöhnlich elegantes Schiff, höchster Standard, das wäre doch etwas, oder?

Eine einzige Lampe leuchtete in der Einfahrt, kaum zu erkennen das halbrunde Schild PENSION BRETTSCHNEIDER. Hinter den dunklen Sträuchern und Büschen des Vorgartens stand schwarz gegen den Nachthimmel das Haus. Ein großes Terrassenfenster war hell, Licht hinter üppigen Blättern und Ranken, und auch die beiden Mansarden schienen bewohnt.

Meinetwegen, sagte er. Wird schon was frei sein.

Sie ließ den Wagen in den Hof rollen, knirschender Kies, zog die Handbremse, schaltete die Scheinwerfer aus. Es ist ja nur für diese Nacht, sagte sie. Ich mag nicht mehr lange suchen. Wie spät ist es?

Halb 10 vorbei, sagte er. Drei Minuten nach halb. Wir hätten ja auch morgen früh fahren können.

Ich fühle mich noch nicht so, sagte sie. An einem Tag hin und her – das wäre zuviel geworden für mich.

Er nahm die beiden Taschen vom Rücksitz, schlug die Wagentür zu, folgte ihr hinüber zur Haustürtreppe. Das Schild NACHTGLOCKE war erleuchtet.

Aber gern, sagte die Frau. Selbstverständlich. 28 DM einschließlich Frühstück mit Ei oder Käse.

Na also, sagte er. Das Zimmer liegt ruhig?

Ja, sagte die Frau. Außerdem haben wir nachts hier keinen Verkehr. Sie trug die blonden Haare aufgesteckt, das gefärbte Blond einer älteren Frau, die ihr Spiegelbild nicht mehr erkennen kann: ein breites, rötliches Gesicht mit unverhältnismäßig schmalen Lippen, wasserblaue Augen über Tränensäcken, und um den Hals trug sie eine Silberkette mit einem dicken Bernsteinanhänger, der halb im Ausschnitt verschwand.

Es ist doch geheizt?, fragte Lo.

Die Wirtin sah sie von oben herab an: Selbstverständlich. Allerdings haben wir keine Fürstenzimmer mit Bad.

Na komm, sagte er.

Die Frau verschwand hinter einer verglasten Abschlußtür. Lo wies nach oben: ein breites Holzschild über der Tür, umrankte Buchstaben, jugendstilig:

LASS NUR DEN SONNENSCHEIN INS HERZ DIR LACHEN – SO WIRD SICH ALLES SCHON VON SELBER MACHEN.

Bei dem Wetter!, sagte er.

Man muß eben daran glauben, sagte sie.

Die Frau brachte die Schlüssel: Zimmer 5, erster Stock links, das letzte Zimmer nach hinten. Da hören Sie nichts. Die Toilette auf halber Treppe. Haben die Herrschaften sonst noch einen Wunsch?

Er fragte: Möchtest du etwas essen, Lo? Oder trinken?

Danke. Ich bin nur müde.

Wenn Sie Fernsehen haben, sagte er, sehe ich mir nachher noch die Sportschau an.

Bitte, sagte die Frau. Sie stören nicht.

Irgendwie kenn' ich die, meinte er, als sie hinaufgingen. Den Typ, verstehst du: nordisch. Die hat ihre besten Zeiten auch damals gehabt, als blond gefragt war.

Natürlich, sagte Lo. Aber kann sie was dafür?

Das Zimmer war kühl, offenbar seit Tagen oder Wochen nicht mehr benutzt. Er faßte den Heizungskörper an, lauwarm, versuchte das Fenster fester zu schließen. Alles Bruch!, sagte er. Wollen wir wirklich hier bleiben?

Ich bin sehr müde, sagte Lo. Und es ist doch alles da, zwei Betten, ein Schrank, ein Waschtisch, das langt.

Er zog die Vorhänge zu. Ich meine ja bloß, sagte er. Wenn's dir genügt.

Sie schlug das Deckbett zurück, schwere Federbetten, unhandlich, kühl. Willst du tatsächlich noch die Sportschau sehen?

Na ja, sagte er. Jedenfalls die Berichte von der Bundesliga. Sonst weiß ich Montag nichts.

Ich werde gleich schlafen, sagte sie.

Ich bin leise nachher, versprach er. Und gute Besserung.

Das Gastzimmer lag hinter dem kleinen Empfangsflur. Im Fernseher dröhnte Gelächter, Ohnsorg-Theater. Zwei ältere Männer saßen links hinter ihrem Bier, dichter Zigarrenqualm. Die Wirtin lag halb ausgestreckt in einem Nackensessel, die unförmig dicken Beine auf einem Hocker. Eine junge Frau von ähnlicher Körperfülle, vielleicht die Tochter, wischte die Theke. Der Raum mit den acht oder zehn Vierecktischen wurde von zwei Kronleuchtern erhellt. Auf dem Tisch stand, genau in der Mitte, eine Vase mit Schnittblumen, und auch das große Fenster war vollgestellt mit Blumen und Blattpflanzen, sogar das Klavier, und grüne Ranken überzogen selbst die farbig gemusterte Kunststoff-Tapete, die auf den ersten Blick an die Seidenbespannung fürstlicher Kabinette erinnerte. Die Tischdecke war fleckig.

Er bestellte ein Bier, sah die Namen der Personen und ihrer Darsteller über den Bildschirm ziehen, nach unten und fort, fühlte den Blick der dicken Tochter auf sich, freundliche Augen, kuhfreundlich, dachte er, Amme, holte sich die Waldeckische Landeszeitung, die zerlesen auf dem Nachbartisch lag, und plötzlich merkte er, wie müde er war. Anita, natürlich. Die Fahrt. Der Regen. Ein Sturmtief. Auf dem Bildschirm fielen die Lottokugeln, Geld, Glück, in die Fangkörbe. Die Wirtin hatte sich aufgesetzt, notierte die Zahlen, verglich mit drei verschiedenen Lottoscheinen. Verloren, dachte er, wieder verloren. Er spürte seine Erschöpfung und merkte, wie der Schmerz sich ausbreitete von der Stirn her. Zahlen, bitte!, sagte er und schob das halb geleerte Glas zur Seite.

Wir schalten gleich um auf die Sportschau, sagte die Tochter.

Danke, sagte er. Stimmt.

Dann konnte er nicht schlafen. Er fröstelte, wurde nicht warm. Aus dem Federbett atmete Feuchtigkeit. Lo schlief, hustete manchmal im Schlaf. Er spürte die Narben, die Schmerzen. Jedenfalls nicht zu teuer, 28 DM. Die Toilette roch unsauber, wie in Kairo, desinfizierter Schmutz. Kairo war warm gewesen, damals. Cilly. Aber das hielt nicht. Das war nichts. Nichts hielt. Verloren. Es lohnte die Mühe nicht. Nicht mehr. Es gab keine

Lösungen. Kalt war es. Im Grunde waren sie alle gleich, wollten alle das Gleiche, wollten ihn haben, halten, heiraten. Lore hustete. Ich will nicht. Ich will das nicht wieder. Gerlinde. Clemens. Mutter. Vorsichtig drehte er sich zur anderen Seite, zog das schwere Oberbett über den Kopf. Ich will nicht. Nicht wie alle, wie jeder, wie Onkel. Ich kann nicht, nicht so. Wie Vater: weg und fort und nie wieder. Wie Clemens. Fort. Benares. Bangkok. Aber die Mädchen sind wieder Mädchen Kinder zu kleine Mädchen zu –.

Ich habe dich gestern nicht mehr gehört, sagte sie. Warst du noch lange unten?

Zehn Minuten, sagte er. Vielleicht eine Viertelstunde. Ich hatte Kopfschmerzen, und der Qualm.

Ich dachte zuerst, ich hole mir hier den Tod, sagte sie. So klamm war das Bett.

Das Wort haftete: Tod. Ich hole mir hier den Tod. Wenn der Tod sie holte. Beim Rasieren ging es ihm durch den Kopf, hin und her und hin: Wenn Lo sterben würde. Der Tod. Wir sterben alle. Der Tod. Eine Lösung, oder? Jedenfalls eine Lösung. Ich brauchte nicht nein zu sagen. Ich brauchte nicht ja zu sagen. Ich kann nicht. So sind sie alle, auch Lo, obwohl sie nichts sagt, nichts fordert. Sie ist da, sieht mich an, geht nicht fort. Bis zum Tage deines Todes. Bis daß der Tod.

Er schüttelte sich, immer noch kühl, stellte den Rasierer ab. Das Wetter ist heute wohl etwas besser, sagte er. Wollen wir uns erstmal die Stadt ansehen? Bei Onkel sollten wir nicht vor um 11 erscheinen.

Arolsen ist sehr beliebt, sagte die dicke Tochter, als sie den Kaffee einschenkte. Den ganzen Sommer war bei uns kein Zimmer frei.

Die Wirtin brachte die Eier. Bitte sehr. Und guten Appetit. Sie sind zum erstenmal hier?

Die Antwort wartete sie nicht ab: Dann kommen Sie sicher wieder. Unsere Gäste kommen immer wieder.

Was gibt es denn in Arolsen?, fragte er.

Na, das Schloß, sagte die Wirtin, verwundert. Das fürstliche Schloß. Und auch die Stadt, Arolsen ist nämlich Residenzstadt. Wir haben auch einen Prospekt – Irmgard, bringst du den Herrschaften mal den Prospekt? Im Schloß wohnt noch immer die fürstliche Familie.

Waldeck-Pyrmont, sagte Lo. Die waren weltweit berühmt wegen ihrer Schulden.

Hören Sie mal!, sagte die Wirtin, nahm dann aber den Ton zurück: So ist das ja nicht. Die Königinmutter der Niederlande kam auch aus Arolsen. Und der Maler Kaulbach, wenn Sie den Namen schon mal gehört haben. Und unsere Garnison, die Waldecker waren immer berühmt wegen ihrer Tapferkeit, wir hatten 20 Ritterkreuzträger.

Wir werden uns also das Schloß ansehen, sagte Lo.

Die Wirtin kam selbst mit dem Prospekt, blieb am Tisch stehen. Unsere Standarte Germania war nämlich das erste deutsche Regiment in Prag, sagte sie, mein Mann war auch dabei. Wir stellten die Wache auf dem Kaiserschloß, und der Obersturmbannführer Gille hat als erster die Brillanten zum Ritterkreuz bekommen, wenn Ihnen das etwas sagt.

Mutter!, rief die Tochter von der Theke herüber.

Ich sage ja gar nichts, wehrte die Wirtin ab. Das können die Herrschaften ruhig wissen, wenn das auch heute niemand mehr wissen will, das gehört doch auch zu Arolsen, wenn man sich hier nicht auskennt. Und unser Erbprinz Josias war Obergruppenführer damals in seiner schneidigen schwarzen Uniform, der hatte nämlich das soldatische Wesen von seinen Vorfahren geerbt, und der Fürstliche Kabinettsrat von Schoeler war Ortsgruppenleiter.

Die Tochter schlug die Küchentür zu. Die Wirtin schüttelte den Kopf, strich sich über die gefärbten Haare: Und ihr eigener Vater war dabei und ist für Deutschland geblieben. Wenn Sie noch einen Wunsch haben? Ist alles inklusive.

IX.

Streng gegliedert und offen, mächtig, umfassend: das Schloß. Pracht. Würde. Gemessene Hoheit. Die große Auffahrt. Der weite Hof. Auch die Novembertrübe verwischt nicht das leuchtende Mauergelb. Stolz. Stille. Steinerne Kühle. Nur ihre Schritte, einzeln, verloren.

Im Grunde nicht zu begreifen, sagte sie. So viel Gepränge hier, hinter der Welt, so ein Glanz!

Jedenfalls gut instandgehalten, sagte er. Was das wohl kostet!

Als wäre es ganz allein auf der Welt, sagte sie. Ein vergessenes Schloß im Walde, ein Märchenschloß, daneben nur Häuser und Hütten für Diener und Boten.

Na ja, sagte er. Immerhin ist Arolsen eine Stadt und doch ganz ansehnlich.

Sie stellte sich in die Mitte des Ehrenhofes, trat vier Schritte nach rechts, vier Schritte nach links. Ein fester Raum, sagte sie, ganz sicher und dabei bewegt. Ein Raum für ein Fest, für immerwährende Feste.

Aber wer kommt schon hierher?, meinte er, skeptisch. 46 Kilometer hinter Kassel. Außerdem ist mir kalt. Ich glaube, wir können jetzt zu Winkowskis fahren.

Sie fragten ein Kind, das über die Straße lief, die Regenkapuze in das Gesicht gezogen. Und dann geradeaus, und dann links, und dann rechts auf dem Berg, das Neubauviertel!

Wetterburg. Weiße Häuser, neu, brav unter Ziegeldächer geduckt, freundlich, angenehm an den Hang gelagert, die Terrassen ausgebreitet zur Waldlandschaft hin. Zäune. Gärten. Sträucher. Kinderschaukeln. Schwemmbeton. Kieselwege. Sonntagvormittagsruhe.

Hinter den regelmäßigen Rhomben des Jägerzauns der schmale Vorgarten, der Treppenaufgang, sauber gefegt, der Eingang, von gelbem Kunststoff überdacht. Nr. 3 Winkowski. Über der Klingel, holzgeschnitzt, neu lackiert: HAXEN ABKRATZEN! Stramme Scheibengardinen am Küchenfenster. Hinter dem breiten Fenster, vermutlich die Eßecke, weiße Wolkengardinen, gleichmäßig fallend.

Niemand antwortete. Niemand kam. Stille. Sie gingen um das Haus herum, auf hellen Rasenplatten. Die Jalousien an den Terrassenfenstern waren herabgelassen. Ein Vogelhäuschen davor, ein baumelnder Vogelring, eine Vogeltränke, bunte Keramik. Der Blick in den kahlen Nachbargarten, aufs Nachbarhaus; hinter den Gardinen bewegte sich etwas. Wieder begann es zu regnen.

Pech!, sagte er. Zu dumm! Ob sie zur Kirche sind? Wahrscheinlich würde Hilda ihn auch dahin bringen.

Schließlich kam die Nachbarin hinter den Gardinen hervor: Nein, verreist, aber nur übers Wochenende.

DER LUFTKURORT AROLSEN – DIE »RESIDENZ IM GRÜNEN« *stand bereits vor rund zweihundert Jahren in dem Ruf, einer der »angenehmsten Orte Deutschlands« zu sein. Fürst Friedrich Anton zu Waldeck und Pyrmont hatte nicht unrecht, wenn er 1719 in seiner Gründungsurkunde die entstehende Stadt als »sehr lustig, gesunden und wohlgelegenen Ort« pries.*

Arolsen will gesehen und erwandert werden. Leicht sind die Vorzüge dieser Stadt auf eine kurze Formel zu bringen, denn alles ist erfreulich an der alten Residenz:

Die Stadt als Ganzes – eine Gartenstadt, eine »Stadt am Walde«. Alt-Arolsen – eine erstaunlich einheitliche städtebauliche Kostbarkeit. Das fürstliche Residenzschloß – als weit ausgreifender harmonischer Bau des Spätbarock, ein vollendetes Kunstwerk. Die imposanten alten Alleen – wahre Naturdenkmale, die keine andere Stadt in ähnlich eindrucksvoller Anlage aufzuweisen hat. Die ausgedehnten herrlichen Wälder – Paradiese der Ruhe, Entspannung und Erholung.

Unschätzbare würzige vorzügliche mannigfältige reiche. Die üppigen lieblichen.

Alle Preise sind Inklusivpreise und entsprechen den Angaben der

Vermieter.

Angelsport. Camping. Fahrradverleih. Fundbüro. Kegeln. Kleingolf. Krankenhaus. Kurkarten. Kurbeitrag. Kurzeitung. Massagen. Museen. Polizei. Postamt. Rathaus. Reiten. Schießen.

Im Dritten Reich kam mit Wiedererlangung der Wehrhoheit eine neue deutsche Armee. Damals wurde auch Arolsen wieder Garnison. Die Kasernen wurden zum größten Teil abgerissen und 1936 durch neue ersetzt, die dem II. Bataillon der SS-Verfügungstruppe Germania als Unterkunft dienten. Es stand unter dem Obersturmbannführer Walter Krieger, einem alten Offizier, der später General wurde, dann seit 1937 unter dem ehemaligen Artillerieoffizier Herbert Gille. Diese SS-Truppe war nichts anderes als eine Garde ausgewählter Männer, qualitativ unbestritten besser als jeder andere Truppenteil, zu jeder Zeit den größten und bittersten Aufgaben gewachsen. Blutend litt sie im Kriege und durch die nachfolgende politische Gehässigkeit noch mehr als die anderen deutschen Truppen, denen man wohl insgesamt niemals absprechen wird, daß sie nach Leistung und Haltung eines der besten Heere bildeten, das die Welt je gesehen hat.

Die Zahlen glitten ihr aus den Fingern, Zahlenmusik aus einem Apparat, der für sie mehr war als eine Kasse: ein Instrument. Ihre Hände waren fleischig, fast plump, mit kurzen, etwas gekrümmten Fingern. Aber die Fingerkuppen ließen die Hände vergessen: Sie tanzten über die Zahlenskala, beinahe anmutig, als wären sie frei. Die linke Hand ordnete im Einkaufswagen, schob beiseite, schichtete um, ließ nichts außer acht. Die rechte, die Zahlenhand, spielte über die Tasten der Kasse hin, aus der der Zettel gleichmäßig herauswuchs, herauswucherte, Zahl über Zahl zur Endsumme hin.

Es waren die gleichen Hände wie damals, es war auch der gleiche Blick, der nüchtern, abschätzend ein letztes Mal nach Vergessenem sah. Ihre Haare waren gefärbt, die Lippen nicht mehr so frisch wie damals – 15 Jahre, rechnete er nach, beinahe 16 –, und über den Mundwinkeln hatten sich Falten eingegraben. Aber sie war es, wie damals. Hilda. Hilda Winkowski. Sie steckte den blauen Schein an der Kasse fest, gab das Kleingeld heraus: Und zwanzig, sagte sie. Besten Dank! Dann erst sah sie in den nächsten Wagen, sah, daß er leer war, sah auf: Bitte?

Kennst du mich nicht mehr?, fragte er.

Sie überlegte, mißtrauisch, wußte dann plötzlich Bescheid: Na sowas, sowas! Jungchen!

Er zuckte zusammen unter dem Wort. Das Wort schlug ihn. Aber er gab ihr die Hand, stellte dann Lo vor, Fräulein vom Broich, verschluckte das M, mußte dann Platz machen, der nächste Einkaufswagen schob ihn voran.

Augenblick!, sagte Hilda, ließ wieder die Fingerkuppen tanzen, den Kassenzettel wachsen, durchwühlte sorgfältig den Warenkorb, hatte die Endsumme schon parat: 39,53! Sie versuchte ein Lächeln zu ihm hin, und er stellte fest, daß ihr gealtertes Gesicht sich nicht geändert hatte, der gleiche Ausdruck wie ihre Hände: fest, fleischig, zupackend. Sie paßte auf, zählte Wechselgeld hin, behielt auch Lo im Auge, war auf der Hut.

Tut mir wirklich leid, sagte sie. Aber Montagmorgen haben wir immer Betrieb. Ich kann nicht weg.

Unheimlich, wie rasch Sie das machen, sagte Lo.

Wieder wurde ein Wagen herangeschoben, bunte Flaschen, Seifenpulver, Spüli, ein Beutel Orangen, wieder schnarrte die Kasse gleichmäßig, gleichmütig, der Zettel wuchs, die Finger spielten Zahlenetuden, holten die Endsumme heraus: 107,37. Die Kundin suchte den fehlenden Zehnmark-Schein, zählte dann Silbergeld aus dem Portemonnaie: Ich dachte, es wäre gar nicht so viel.

Besten Dank!

Wir wollten euch gestern besuchen, sagte er. Nur mal so.

Schade, sagte sie. Wir waren das Wochenende in Münster – Bitte, schieben Sie den Wagen bis hierher, ja?! – bei einem Kameraden von Berthold.

Die Kasse fraß die Zahlen mühelos, kein Irrtum, kein Fehler, nur das sichtbare Funktionieren einer Maschine, einer Hand. Die andere Hand drehte manchmal ein Etikett zur Seite, stapelte rasch drei gleiche Dosen, vier Packungen Sonderangebote zusammen, und es hätte ihn nicht gewundert, wenn die leichthin tippenden Finger so etwas wie eine Melodie aus der Kasse herausgelockt hätten. Aber es blieb bei dem scharrenden Rhythmus, und dann war der Akt schon wieder beendet – ein Akt, dachte er, abgeschlossen mit einem Orgasmus: bezahlt.

Hättet ihr vorher Bescheid gesagt! Das wird Berthold leid tun.

Hast du das Bild mitgebracht?

Na ja, sagte er. Deswegen dachte ich ja – ich meine, darüber wollte ich mit euch sprechen.

Bitte sehr, kommen Sie doch nach vorn – hierher!

Die Hände begannen wieder zu ordnen und zu rechnen. Aber das Kassengeräusch wurde unregelmäßig, schien gestört, brach plötzlich ganz ab.

Also das geht hier nicht, ich kann so nicht arbeiten! Wir müssen – wie lange bleibst du denn hier?

Wir wollten heute nachmittag fahren – wir dachten, ihr seid heute beide wieder zu Hause. Deshalb haben wir sogar noch einmal in Arolsen übernachtet.

Also Berthold kommt morgen abend, vielleicht auch erst Mittwoch vormittag. Wenn ihr Mittwoch zum Kaffee kommen wollt, nachmittags? Aber nicht zu spät, Berthold will unbedingt den HSV gegen Dynamo Dresden sehen.

Die Frau hinter dem Einkaufswagen wurde ungeduldig: Können Sie nicht erstmal abrechnen?

Er mochte Hilda nicht, Onkels Süße, hatte sie nie gemocht. Er hatte Angst. Aber das mußte jetzt, er mußte jetzt, er konnte jetzt nicht mehr anders. Und wenn nicht jetzt, wann denn? Bei Dr. Bruns hatte er angerufen, gleich heute morgen: eine leichte Grippe, Fieber, und ausgerechnet unterwegs. Kurieren Sie sich ruhig erst richtig aus, Herr Lingner – und gute Besserung!

Er fehlte nie. Er wurde nicht krank. Die Grippe konnte bis Donnerstag dauern, bis Freitag.

Na ja, also. Er zögerte. Eigentlich –. Was meinst du, Lo?

Mir ist es gleich. Ich bin noch krank geschrieben, und unser Heft ist sowieso fertig. Vielleicht könnten wir noch nach Göttingen fahren, ich würde gern mal wieder Frau Wimmer besuchen.

Also gut, sagte er.

Das mußte erledigt werden jetzt, ausgestanden, ausgefochten, viel Geld, jetzt oder niemals: Wann denn?

59,77, sagte Hilda. 23 zurück. Besten Dank!

Also nach Göttingen, sagte er, meinetwegen. Am Mittwochnachmittag sind wir dann wieder hier, gegen halb 5, ja?

Ich back' dir auch einen Mohnkuchen, Jungchen, sagte sie. Wie bei Muttern.

Er unterdrückte ein böses Wort. Er wußte, sie würde das niemals lernen: Mohnkuchen.

Das Haus lag ganz allein in dem Hügelgrün, Hügelbraun, eingeschlossen von Park und Mauer: ein roter Block aus dem Steinbaukasten mit hohen, schmalen Fenstern, keine Nachbarn – ein Haus wie abgestellt und nicht abgeholt, vergessen. Es hatte die dumpfe Ziegelröte preußischer Postämter, die sparsame Gliederung alter Behördenbauten, bis auf den mächtigen Frontgiebel über der Doppeltür: Da brach in Ziegelspitzen und Türmen auf, was für den Bauherrn Stolz und Würde und Schönheit gewesen war.

Ein Narr, sagte er. Der Landsitz eines Mannes, der es sich leisten konnte, verrückt zu sein. Und er selbst hat hier niemals gewohnt: Das Haus hat leergestanden bis in den letzten Krieg. Ich hatte es schon gekauft. Aber Mutter wollte es nicht, und außerdem war der Holzwurm im Dach. Herder hat es mir abgekauft, glücklicherweise. Wollen wir reinsehen? Ich weiß nicht, ob es noch immer Herder gehört.

Sie fragte: Hast du ihn reingelegt mit dem Haus?

Er zögerte: Eigentlich nicht. Nein. Nicht direkt. Den Holzwurm konnte jeder sehen, und daß es so einsam liegt, das wußte Herder schließlich auch. Und ich habe nichts daran verdient, fast gar nichts.

An der Tür war ein schmiedeeiserner Klopfer, eine Löwenklaue, das Pochen hallte im Hause wider. Langsame, schwerfällige Schritte: Der Mann, der die Tür entriegelte, öffnete, war betrunken. Aber er wußte sofort: Paul Lingner – Mensch, Paul! Er riß die Tür auf, verbeugte sich mit der Geste des Herrn, der sich zum Diener macht, hielt sich am Türgriff: eine schmale, hohe Gestalt in schlotterndem Anzug, das Gesicht zerfurcht, die Mähne grau.

Später, sie froren in der riesigen Halle vor einem blakenden Kaminfeuer, drängte Paul zur Weiterfahrt: Leider, wir müssen heute noch. Aber Herder ließ sie nicht los, trinkt doch, und plötzlich war sie müde gewesen, mochte nicht mehr an Autofahren denken, ist doch egal, was wollen wir heute in Göttingen. Und Herder, strahlend: Ich bin so froh, daß ihr da seid. Ich wollte dir immer schon schreiben, weil ich so froh bin mit dem Haus. Es ist gut für den Menschen, ein Haus zu haben. Wenn man allein ist. Ein richtiges Haus. Meine Frau hat sich scheiden lassen, die wollte nicht leben hier in der Einsamkeit. Aber ich habe das Haus. Das Dach – ach, das hält noch, das hält mich noch aus. Nämlich, ich bin jetzt berufsunfähig, die Leber, zu viel getrunken, berufsbedingt. Aber hier bin ich froh. Das wollte ich dir schon immer mal schreiben. Der Mensch braucht ein Haus, ein Zuhaus.

Der Wind trieb Qualm aus dem Kamin. Von der Decke baumelte eine einzige Glühbirne, die den Raum in rote Ziegeldämmerung tauchte. Das Mobiliar schien alt, zusammengesucht, zusammengefunden. Herders Zufriedenheit überstrahlte alles: Ich wollte mich immer schon bei dir bedanken. Ihr seid meine Gäste!

Sie tranken bis spät, fanden im Obergeschoß ein Zimmer mit hochbordigen Bauernbetten. Regen schlug gegen die Fenster, der Wind umspielte das Dach.

Ein Narr, sagte Paul, noch so ein Narr.

Nach einer Welle fragte er: Schläfst du schon?

Sie antwortete nicht, sah das Haus, ein Märchen, ein Glück, postrote Ziegel, und es konnte sein, daß Frau Bernstein dieselben Worte gesagt hatte, sechs Kilometer Taxifahrt hinter Haifa, es duftete aus den Orangenhainen, Mutters Schulfreundin Rachel Bernstein, grau und jugendlich freundlich, herzlich in dem Zweizimmerhaus, das sie selber gemauert hatten, ein Zuhause, geborgen in einer Fremde, die dann nicht mehr fremd war.

Sie tranken Kaffee in einer Probierstube, stehend, bummelten weiter, Erinnerungen an jeder Ecke, aber das Alte schon hier und da verschwunden unter hochglänzendem Heute. Das Antiquariat gab es noch: Nur mal reinsehen, ja? Wir haben noch Zeit. Frau Wimmer ist bestimmt nicht vor 5 zu Hause.

Jerusalem? Ja, bitte sehr.

Der war nicht dort, dachte sie. Der war dort nicht gewesen, niemals, der dieses Blatt gezeichnet hatte – Vue & Description de la Ville de Jerusalem. Ein großes Panorama: Palmen vorn und dunkle Figuren; dahinter, breit gelagert und hell, Mauern und Dächer und Türme hügelan. Der hatte die Stadt niemals gesehen, die er hier Haus für Haus und Turm bei Turm aufgezeichnet hatte, sorgfältig Strich neben Strich gesetzt, beinahe Stein über Stein: Cette Capitale de la Judée autrefois si cèlébre. Ein Wolkenhimmel lag über der Stadt wie über Brabant, wie in der Bretagne, der Normandie: ein Himmel, der vom Meer her kam, bewegte Schatten, weiß und grau getürmt, wandernd im Seewind, und Vogelschwärme darin wie an der Küste. Kein Blau war über den Dächern und Türmen, nicht eine Ahnung von diesem Himmelsblau über Jerusalem, dieser blauen Leere, blauen Unendlichkeit. Der konnte Jerusalem nie gesehen haben, das wirkliche, das irdische Jerusalem unter seinem Himmel.

Ungefähr 1700, sagte der Verkäufer, ein Mann Mitte 50, zurückhaltend, still. Vielleicht etwas später.

Das ist der Blick vom Ölberg, sagte Paul, ganz genau.

Ein seltenes Blatt, sagte der Mann, wahrscheinlich selbst der Eigentümer des Ladenschlauchs, gold geprägte Bücherrücken bis an die Decke, glattes Schweinsleder mit Tusch-Schriften, graue Sammelmappen. Ein schönes Blatt, gnädige Frau.

Aber der Himmel?, sagte sie. Das ist nicht der Himmel. Und die Mauer: in Wirklichkeit ist sie viel mächtiger, viel schwerer, breiter – uneinnehmbar. Diese ist wie aus Papier.

Der Antiquar lächelte: Ich denke, keine Mauer ist uneinnehmbar, gnädige Frau. Alle Mauern sind wie Papier.

Na, hören Sie, sagte Paul. Wir haben die Mauer gesehen, diese Mauer. Wir waren in Jerusalem!

Der war bestimmt nicht dort, sagte sie, der das gezeichnet hat. Der hat wahrscheinlich irgendwo abgezeichnet, oder nach Plänen, Grundrissen, Aufrissen: wie er sich Jerusalem vorstellte.

Schon möglich, meinte der Antiquar. Warum auch nicht? Das war damals nicht unüblich.

Aber man kann sich Jerusalem nicht einfach vorstellen, sagte sie. Wirklich: Man muß es gesehen haben.

Vielleicht, sagte der Mann. Heute vielleicht. Im übrigen will ich Ihnen das Blatt ja gar nicht unbedingt verkaufen. Bitte: Sie haben nach Ansichten von Jerusalem gefragt, und diese hier kann ich Ihnen zufällig anbieten. Sie werden so etwas in Göttingen kaum noch einmal finden.

Na ja, sagte Paul. Es ist ja wirklich ein schönes Bild. Man müßte das einmal vergleichen mit Fotos von heute. Wahrscheinlich stimmen die meisten Einzelheiten. Was soll es denn kosten?

500, sagte der Antiquar.

Paul erschrak. Ach so. Na ja, natürlich. Aber eigentlich. Wie findest du es, Lo?

Ich weiß nicht, sagte sie. Ich weiß es wirklich nicht. Natürlich, das ist Jerusalem, und es ist schön. Aber dann ist es doch Jerusalem nicht. Nicht für mich. Es ist nicht der Himmel. Es ist nicht mein Bild von der Stadt.

Und hier stimmt etwas tatsächlich nicht!, sagte Paul. Hier, bei der Nummer 14, ist vermerkt: »le Temple de Salom«. Tatsächlich handelt es sich dabei aber keineswegs um den salomonischen Tempel, der bekanntlich schon von den Römern zerstört wurde, sondern um die sogenannte Omar – Moschee, die auf dem Platz des ehemaligen Tempels errichtet wurde. Also das ist objektiv falsch.

Der Antiquar nahm das Blatt zurück. Sie haben sicher recht, sagte er. Aber – wenn ich den Künstler verteidigen darf – vielleicht war das ein frommer Mann, der in der Gegenwart seiner Zeit auch die Vergangenheit wußte, die Vergangenheit sah, den Tempel in der Moschee, und ich frage mich, ob das ganz und gar falsch gewesen ist.

Bethlehem, Baalbek: Ihr fiel wieder ein: die gleichen Steine, der gleiche Gott, den ich nicht weiß und niemand, unausgemessen, denn hier geschah es, hier oder niemals geschieht es, wer weiß das wirklich will wissen.

Sehen Sie auch die Figuren, sagte der Antiquar. Da vorn können Sie die Heilige Familie entdecken, Maria mit dem Kind auf dem Esel, Joseph vorweg, auf der Flucht nach Ägypten.

Sie beugte sich vor: Das hatte ich gar nicht bemerkt. Jedenfalls ist das Goldene Tor auch hier zugemauert, stellte Paul fest. Der Jüngste Tag kann nicht stattfinden – da! Er dachte: keine Hoffnung, heillos, ein Augenblick, der nicht dauert, ein Leben vielleicht.

Der Antiquar schloß die Mappe. Vielleicht sehen Sie gelegentlich einmal wieder herein?

Nein, nein, sagte sie. Ich möchte das Blatt, möchte es kaufen.

Für 500 Mark?, fragte Paul.

Ach was, sagte sie. Für uns. Wenn wir es immer mal ansehen,

Jerusalem, finden wir sicher noch mehr darauf, was wir nicht wissen. Komm – ich schenke es dir!

Wieso?

Nur so, sagte sie.

Müde. Das Farbenspiel auf dem Bildschirm, Farbengewimmel, hin und her und hin.

STEHN UND WARTEN, DASS SIE DEN BALL BEKOMMEN.

Grüner Rasen. Rotweißes, weißschwarzes Spiel, her und hin. Farbige Schatten, Figuren, Puppen, gelenkig. Der weiße Ball, eine helle Spur, hinauf und hinüber und rechts und links hinüber.

ALLE HSV-SPIELER JETZT SEHR ENG MARKIERT.

Müde. Regen und 120 und Wind und Sturm und müde und 130 und Grau auf den Straßen, Hannover-Kassel, die wiegende Autobahn grünblaugrau, die Regenschleier, die roten Rücklichter, Bremslichter, Vorsicht!, Böen im Steuerrad. Müde.

SEHR SCHÖNE AKTION VON KOTTE – UND TOR!

Scheiße!, sagte Herr Winkowski.

Nicht zu fassen, sagte Paul. Nicht zu fassen!

DIE NUMMER 4, UDO SCHMUCK, DER VORSTOPPER WAR ES. ABER VORARBEIT DIESER HERRLICHE PASS DES JUNGEN KOTTE UND KLUG ÜBERWEGGEHOBEN. NUR NOCH 1 ZU 2 FÜHRT DER HSV.

Diese Scheiß-DDR, sagte Herr Winkowski. Die schaffen es diesmal wieder, ich sage dir –.

Müde vom Tage, vom Fahren, vom Regen, vielleicht noch die Grippe in mir, ich hätte doch besser liegen sollen, aber Paul, aber wir. Müde vom Reden, vom Schweigen. Wenn er das Bild verkauft, wenn er es wirklich verkauft –. Er darf es nicht tun. Er kann das nicht. Sonst könnte ich nicht mehr: kann nicht mehr bei dir bleiben. Das ist nicht dein Bild. Das ist nicht mein Mann, sonst. Das mußt du wissen.

WECHSELN ZUM MINDESTEN IM STURM UND IM MITTELFELD STÄNDIG DIE POSITION, VERWIRREN NATÜRLICH DAMIT DIE GEGNERISCHE ABWEHR.

Du – schläfst du eigentlich, Lo?

Bitte? ja, ich bin etwas müde, ich fühle mich nicht so.

Frauen!, sagte Herr Winkowski. Na bitte – bitte, also – der soll doch endlich –!

Sonst setz' dich doch zu Hilda nach nebenan.

Das Brausen im Stadion nahm zu, schwoll hoch an.

NOGLY!

Ist schon gut, sagte sie. Farbenspiel. Müde. Er wird das Bild nicht verkaufen. So ist er nicht, nicht wirklich. Nicht so, wie er tut. Wie er sich gibt. Er rechnet rechnet, ein Junge, dann ist die Welt in Ordnung, gezählt und gesichert, drei mal drei ist neune, ihr wißt ja, wie ich's meine. Er meint es nicht so. Er schützt sich mit Zahlen, möchte sich schützen mit Zahlen und Zahlenspielen. Er tut so, als ob es eine Endsumme gäbe, eine Lösung. Als ob die Rechnungen aufgingen zum Schluß. Die Probe machen: als ob. Er tut so, als glaubte er selber daran. Nachrechnen, nachmessen, abzählen. Bestimmen, was ist, was war, was sein wird, genau. Vergleichen. Vue & Description. Ob alles stimmt: Wer weiß das, will wissen, was ist das, was war: Jerusalem. Steine. Steine. Ein Himmel, unausgemessen. Als ob.

SEHR ENERGISCH, ABER AUCH SEHR GUT DER SCHIEDSRICHTER BIS JETZT.

Unausgemessenes Gestern, Vorgestern. Frau Wimmer, vier Jahre älter, sie hatte das Zimmer nicht mehr vermietet, die jungen Leute heute, wissen Sie, Fräulein Lore, das will ich in meiner Wohnung nicht haben, das kann ich nicht dulden, die roten Fahnen, die langen Haare und überhaupt, bei mir nicht. Eingetrocknet nun schon, Frau Wimmer, Kriegerwitwe, noch immer trug sie das Wort wie einen Orden, eingesperrt in ihre festen Vorstellungen von vorgestern. Aber sie liebte Paul immer noch, sie sah nichts, Paul durfte alles, sah Paul alles nach: Sowas Solides, Fräulein Lore, sowas Ordentliches, so ein Herr. Bleiben Sie doch noch ein Stündchen, wollen Sie nicht über Nacht, ich freu' mich ja so, ich mache Ihnen Ihr Bett, Fräulein Lore, mache Ihnen die Couch, Herr Lingner, mache zum Abendbrot, und nach dem Abendbrot: was Sie wünschen, ja, alles. Wir müssen leider noch, leider, Frau Wimmer, wir können nicht, müssen, wir kommen bestimmt einmal wieder, leider. Frau Wimmer Und alles Gute!

DYNAMO DRESDEN.

Müde. Was sollen wir und wohin. Im Dunkel, im Regen, besetzt, bedaure. Irgendein Dorfgasthof, Wälder Regen Rauschen, betrunkenes Lärmen im Hof, bis spät, und im anderen Morgen dann, gestern weiter nach Braunschweig, Paul wollte den Löwen sehen, niemals gesehen, wollte ihn fotografieren, plötzlich, sinnlos, frag nicht, der Braunschweiger Löwe bei Regen, mehr nicht, und dann nach Hannover – Hannover? In einem Straßendorf bei Hannover Clemens, dahin wollte er, als ob.

DRESDEN WIRD BESSER,

Das Stadionrauschen wurde stärker, erregter, das Stadion hielt den Atem an, einen Augenblick, atmete aus und auf.

WAR DER GEFÄHRLICH! – DIESER SCHUSS DER NUMMER 9, VON GERT HEITLER, SCHAUN SIE SELBST!

Deubel auch, sagte Paul.

Ich sag's ja, die schaffen es wieder, sagte Herr Winkowski und trank. Diese Scheiß-Kommunisten!

Paul stöhnte: Junge Junge!

In dem Dorf bei Hannover, Henningsen, war er plötzlich Vater gewesen, grau und alt und bemüht, ein guter Vater zu sein. Wie soll das denn werden, Junge, wie willst du das schaffen, meinst du denn wirklich, das ist doch kein Leben. Sie fühlte: Er schämte sich, daß er helfen wollte, daß er nicht helfen durfte. Er wollte nicht zeigen, wollte nicht wahrhaben, daß er seinem Sohn gut war: Das ist Clemens, mein Sohn – ja, das war sein Sohn: Groß und schlaksig, strähnige Haare bis über die Schultern, lange schmutzige Fingernägel, ein bunt geflicktes Hemd, und das Kind, das neben dem Herd spielte, ein Mädchen von drei oder vier Jahren, war ebenso ungepflegt, und es war nicht sein Kind, wieso denn, aber es braucht doch so etwas wie einen Vater, verstehst du das nicht, und die Frau war nicht seine Frau, ein fahles Gesicht, Gertrud, zitternde Hände, sie kommt mit der Welt nicht zurecht, nicht allein, sie kommt mit sich selbst nicht zurecht, nun hat sie wenigstens mich, für eine Welle, wir wollen es einfach versuchen – ja, einfach, und er war beinahe schon wieder fort, auf Reisen, träumte von Reisen mit Gertrud, wußte von Reisen bunt über die Berge, den Balkan, Istanbul, Moscheen mit goldenen Kuppeln, der dämmerige Basar, und Afghanistan, kalte Wüsten, Wüsten aus Einsamkeit, quer durch die Berge die Steppen, Kabul, Kandahar, Mazar-i-Sharif, Türkise, Lapislazuli und blaues Glas aus Herat, und Pakistan, Indien, Nepal: Es hielt ihn nicht, wo er war – es hält ihn nicht, nirgends, da kann man nichts machen, Lo, was kann ich da machen?

Das Stadion raunte, stöhnte auf; dann fiel das Lärmen ab, fiel in sich zusammen.

So nicht!, sagte Paul.

Das schaffen die Hamburger nicht, sagte Herr Winkowski. Ich sage dir, die schaffen das wieder nicht!

DER HSV MUSS DAS EINZELSPIEL NICHT ÜBERTREIBEN, ER MUSS SCHNELLER, DIREKTER SPIELEN.

Jawohl, sagte Paul. Steil nach vorn!

Diese Journalisten, sagte Herr Winkowski. Klugscheißer! Er trank sein Glas leer.

Sie sah, wie die Puppen sich bewegten, rotweiß weißschwarz, gleichmäßig nach rechts strömend, wie eingefangen oder angesaugt von einer unsichtbaren Kraft, Puppen rotweiß – Unsere, sagte Paul –, Puppen weißschwarz, eingespannt in Schattenkreuze, vier Schatten liefen mit jeder Figur, die Puppen zogen sie mit sich über das Grün, schräge Andreas-Kreuze, sie schleppten die Kreuze an ihren Füßen.

Wenn die so weitermachen!, sagte Herr Winkowski, rief durch die halb offene Schiebetür nach nebenan: Süße, hast du noch ein Bier für mich?

ER GEWINNT ZUR ZEIT WENIGER ZWEIKÄMPFE.

Wieder strömten die Schattenfiguren nach rechts hinüber, nach links, kleine Käfer, gedrillt, einem weißen Punkt zu folgen, den Punkt zu jagen, ihn zu jonglieren.

KOTTE!

Das Stadion stöhnte, beruhigte sich.

Na ja, sagte Paul. Ist ja gerade noch –. Kannst du ein bißchen mehr Rot geben, Onkel?

Einwurf!, sagte Herr Winkowski und drehte an den Knöpfen der Fernbedienung: die Farben wurden gedämpft, weichten dann auf in einer rötlichen Wärme, die Hemden leuchteten stärker.

SIEBEN MINUTEN NOCH – IN DER ERSTEN HALBZEIT. 2 ZU 1 FÜR DEN HSV.

Die Dresdener sind einfach besser trainiert, sagte Herr Winkowski. Da setzt sich der Staat eben ganz anders ein als bei uns und paßt auf – zack zack, da gibt es dann gar nichts. Da kann nicht jeder –.

ALLES IN ALLEM GESEHEN KEINE SCHLECHTE PARTIE. BEDENKEN SIE BITTE DIE WITTERUNGSVERHÄLTNISSE. ES REGNET IMMER NOCH IN STRÖMEN.

Hilda kam herein. Na, wie steht's?, fragte sie, schenkte nach. Immer noch 2 zu 1, sagte Paul.

Bitte – nicht jetzt, Süße, nicht da, nun geh doch zur Seite, bitte – danke!

Mensch!, sagte Paul. Klasse Paß!

SCHÖN IN DEN FREIEN RAUM GELAUFEN – BJÖRNMOSE!

Das Stadion brüllte auf, schrie – eine Schattenhand griff in das Bild, aufjubelnde Hand, ein Knallkörper platzte, Tor!, rief Paul, rief Herr Winkowski.

Plötzlich war das Bild angefüllt mit einem Haufen rotweißer Männer, die Käfer waren Menschen geworden, herangewinkt von der Schattenhand: Männer, die sich wild umarmten.

3 ZU 1 FÜR DEN HSV! WIEDER DER TORSCHÜTZE OLE BJÖRNMOSE.

Klasse!, sagte Paul und strich sich über die Schenkel.

Ich sag's ja, sagte Herr Winkowski. Zack zack – und dann einfach durch. Das war schon immer – da, paß auf, die Wiederholung!

Diesmal kam der weiße Ballpunkt von links, ein rotweißer Schatten jagte ihm nach, trat ihn, die Torwartpuppe fiel um, Weiß links vorbei, und plötzlich verzögert senkte der weiße Punkt sich hinab, in das Netz, blieb liegen: Tor. Die Jagenden rundherum erstarrten, Mitspieler in einer liturgischen Handlung: das Sakrament jetzt, die Wandlung.

Klasse!, sagte Paul. Ganz große Klasse.

Ich sag's ja, die müssen ganz anders aufspielen, ohne falschen Respekt. Herr Winkowski trank einen langen Schluck. Dann kann auch die DDR nicht –.

Wieder liefen die Käfer, kreisten, wechselten dem weißen Punkt nach. Das Stadion hatte sich auf einen höheren Dauerton eingestimmt.

NUN JA, DER ALTE ABSTAND ALSO WIEDERHERGESTELLT.

Prost, Onkel, sagte Paul.

Prost, Junge, sagte Herr Winkowski. Im Fußball sind wir ja Gottseidank noch eine Klasse besser.

NOGLY STARTET!

Jungen, wie kleine Jungen, wie Kinder, eingefangen vom Rhythmus einer Rattenfängermusik, die sie nicht kennen: Sie haben nichts anderes gelernt, sie folgen der Melodie und pfeifen sie selber mit – gehorsame Kinder, ohne Gedächtnis: alles vergessen, was ist und was war, sie spielen, lassen sich spielen. Mit 500 DM war Herr Winkowski schließlich zufrieden gewesen, hatte ihr dann sogar das Du anbieten wollen, wir sind doch beinahe verwandt, einen Kuß auf den Mundwinkel, Hilda sah grämlich herüber, sah nicht, wie er ihren Rücken zu streicheln versuchte.

MISSVERSTÄNDNIS! MIT GLÜCK IM BALLBESITZ GEBLIEBEN. ABER DENNOCH VERLOREN. AN HEFNER.

Wieder die Puppen nach rechts, nach links, bewegliche Figuren in einem Magnetfeld, das irgend jemand von Plus auf Minus schaltete, hin, von Minus auf Plus, her.

OB ES GEFÄHRLICH IST FÜR EINEN POLITISCHEN HÄFTLING.

Paul schrie: Onkel, bist du –.

Entschuldige! Herr Winkowski drückte hastig die Fernbedienung, der fremde Kopf aus dem anderen Programm verschwand, das Stadion brauste wie vorher, ließ seinen Dauerton anschwellen, wieder die Käfer nach links, nach rechts, hinüber, der Ball zog seine Bahn lang über das Bild, am Torkasten vorbei. Fünf Meter daneben, stellte Paul fest, geringschätzig.

Mindestens fünf, bestätigte Herr Winkowski.

Zwei Männer groß im Bild, sie tändelten mit dem Ball, dann spielten die Puppen ihn wieder über das Grün, hinüber links, aufgefangen von Beinen, zurückgeschlagen, wieder nach rechts wie die Kinder, wie Kinder.

BJÖRNMOSE!

Ball hin, weit her, herüber, kreuz über Schatten, hinauf, nach rechts, links hinüber.

Steil spielen!, sagte Paul.

Idioten!, sagte Herr Winkowski.

Das Stadion faßte neuen Mut, neue Stimme, ließ seinen Ton wieder stärker werden, oben der weiße Punkt eine rotweiße Puppe lief hinterher, stieß beinahe zusammen mit einem weißschwarzen, vier fünf Arme Hände warfen ihre Schatten hoch in das Bild, über das Bild, blind, Tor!, schrie Paul, die Stadionstimme brach sich, im Bild lief ein lachender, lächelnder Mann von links nach rechts.

JA, DA KANN ER SICH FREUEN, VORSTOPPER PETER NOGLY, DER AUSSEN STARTETE UND DEN BALL AUCH BEKAM, EINEN GEGNER NOCH UMSPIELTE UND SICH – DAS 4 ZU 1 ERZIELTE.

Die Gruppe Rotweiß versammelte sich, die Gestalten sprangen gegeneinander, aufeinander, umarmten sich, ließen sich nicht.

HIER DIE WIEDERHOLUNG.

Die Schritte wurden langsamer, der Ball verzögerte sich, noch langsamer, sank in weichem Bogen hinab in das Tor.

SEIN ERSTES TOR IN DIESER SAISON.

Wieder erstarrten die Bildschirmpuppen, der Punkt lag fest, zwei Figuren hatten die Arme hochgerissen, Salzsäulen, Dornröschen, der Küchenjunge: erstarrt bis dahin, bis einmal: einmal kam die Erlösung, wurde alles gelöst, im Märchen, einmal und immer. Geduld. Nur Geduld.

Hilda kam aus dem Eßzimmer herüber, die Stickerei in der Hand, petit point. Habt ihr noch Wünsche?

Daß du uns nicht störst, Süße – da, bitte, na – Mensch! Herr Winkowski stöhnte, er stöhnte genußvoll.

4 ZU 1 – NACHDEM ES ZEHN MINUTEN SO AUSSAH, ALS WÜRDE DIE SICHERE FÜHRUNG VON 2 ZU 0 VERLORENGEHEN, ALS DRESDEN DEN ANSCHLUSS ERZIELTE.

Müde. Das Farbenspiel grün und rot und verloren, verloren. Es tat weh, immer noch, Vater, immer wieder. Laß nur. Und Günther, du, ich kann doch nicht, kann es nicht mehr, das mußt du verstehen, das geht nicht. Ich kann nicht leben als ob. Verloren gewonnen verloren, als ob. Leben leben so wie es ist, unausgemessen wie Himmel und Steine, Jerusalem, unser Bild, ohne Vergleiche, jetzt, ohne Vergleich. Unser Leben gelebt, mein Leben: zusammen gelebt. Einfach versuchen zu leben.

ABER JETZT NICHT IN DEN ALTEN FEHLER VERFALLEN.

Farbenspiel grün. Farbenspiel rot. Und weiß. Und Schatten. Der alte Fehler.

NICHT IN DEN ALTEN FEHLER VERFALLEN.

Anderes versuchen, andere Fehler. Paul war frei geworden, zwei Tage lang frei gewesen: hatte sich krank gemeldet zum erstenmal in seinem Leben, ohne krank zu sein, gegen die Pflicht, gegen Gewohnheit und Ordnung, Vater und Mutter – frei zu leben, zwei Tage lang, ohne an Normen zu denken, Vorschriften, Strafen. Er hatte sich fallen gelassen, hatte das Land, die Farben, die Äste vorübertreiben lassen, Fachwerkgiebel, Wolken, Autobahnlichter, hatte sich nicht bewegt, kein Wort, als sie unvorsichtig überholte: gelassen.

JETZT NICHT IN DEN ALTEN FEHLER VERFALLEN.

Wie ein Kind, dem die Augen geöffnet werden, ein Gefangener nach der Befreiung im hellen Sonnenlicht. Die Welt war anders und neu, zwei Tage lang. Er mochte nicht mehr fotografieren, sah Formen und Farbenklänge, ohne sie umzusetzen in Dias, ließ auch in Braunschweig die Fototasche im Wagen: Das kann ich anderen doch nicht zeigen, nicht so, es ist genug.

DEN BALL HALTEN UND ALLES SELBER MACHEN WOLLEN.

Genug. Die Nacht in dem roten Haus. Jerusalem. Clemens. Frei und zu Hause.

SONDERN NACH WIE VOR DEN PARTNER SUCHEN.

Die bunten Käfer hin und her. Das Stadion rauschte. Paul, nach wie vor. Der geschlagen ist und nicht weiß, immer noch nicht, wie er leben soll mit Narben Schmerzen Alpträumen Dienstvorschriften Erinnerungslücken, die keine Landkarte weiß, der zählt und zählt und Sicherheit sucht, wo es keine Sicherheit gibt. Nach wie vor Paul.

WIEDER ANSPIELEN!

Nachwort

Der Titel *Wir reisen nach Jerusalem* besitzt einen Doppelsinn. Er verweist einerseits auf jenes Kinderspiel, bei dem man Stühle nach zwei Seiten im Wechsel aufstellt, und zwar jeweils einen weniger als es Mitspieler gibt, so daß stets einer der die Stühle umkreisenden Teilnehmer keinen Stuhl findet, wenn das Kommando, sich zu setzen, erfolgt. Am Ende bleibt ein Stuhl für die beiden letzten Mitspieler übrig, und nur einer von diesen beiden kann den Sieg davontragen. Andererseits spielt in diesem vierten Roman von Kay Hoff, der 1976 bei Claassen in Düsseldorf erschien, eine mediterrane Schiffsreise eine Rolle, bei der Jerusalem zwar nicht das einzige, aber doch ein gewichtiges Besuchsziel bildet. Indes ist der Titel weder in der einen noch in der anderen Bedeutungsvariante wörtlich zu verstehen. Jerusalem, der heilige Ort, religiöse Hauptstadt aller gläubigen Juden, Christen und – dies mit Einschränkungen – Mohammedaner, symbolisiert hier auch das Ziel der Hauptfigur Paul Lingner, sich auf der Reise über sich selbst, seine Existenz, seine Zukunft Klarheit zu verschaffen, zumal er oftmals vom Leben geschurigelt wurde, innerlich gehemmt und daher meist unterlegen ist und jedenfalls – im übertragenen Sinn des Kinderspiels – in aller Regel zu denen gehört, die keinen Stuhl finden und deshalb ausscheiden müssen.

Insofern begreift der Leser schnell, warum Handlungselemente nur eine untergeordnete Rolle spielen und der Roman in Wahrheit keinen wirklichen Plot, keinen präzis zu umreißenden Handlungskern besitzt. Es geschieht wenig in diesem Erzählwerk, schwere Konflikte kommen nicht vor, weder der Zusammenprall von Personen noch der von Ideen steht im Mittelpunkt, sondern ein Mensch mit seinen niederdrückenden Erlebnissen und Erfahrungen, mit seinen inneren Unsicherheiten und Selbstzweifeln. Dabei trifft der Leser keineswegs etwa auf einen psychologischen Roman, nichts erinnert an Musil oder Broch, Thomas Mann oder auch Friedrich Dürrenmatt. Vielmehr muß man von der Skizzierung eines Menschen sprechen, die ohne Analyse auskommt und eher deskribierend als begründend vorgeht. Wir haben Beschreibungsliteratur im weitesten Sinne vor uns, doch bemerkenswerterweise nicht etwa die Portraitierung eines Menschen durch einen Erzähler, sondern durch die Wiedergabe eigener und fremder Gedanken, Reden, Dialoge, Reportagen.

Nach der Regelwiedergabe des Jerusalem-Spiels lautet der erste Satz des Romans: „Nein, ich habe keine Zeit." Das kann man als wörtliche Rede, inneren Monolog oder die Äußerung eines Ich-Erzählers verstehen, doch stellt der direkt folgende Satz klar, daß ein Ich-Erzähler gar nicht vorkommt: „Er wußte: das schlug ihn, im Fenster, immer wieder, dieses verlorene Gelb." Ein Er-Erzähler also? Davon könnte man zwar sprechen, doch das, was sich anschließt, ist kein Erzählerbericht, sondern die Wiedergabe der Gedanken Lingners in erlebter Rede: „Das kam, blaßgrün zuerst, beinahe noch Sommer, unaufhaltsam von den Rändern her: kam bläßlich, bräunlich, welk in das Fenster, sein Fenster". Denn diese Äußerungen stehen zwar in Er-Form, sind aber ersichtlich aus der Perspektive Lingners gesprochen. Auch hier also tritt der Narrator hinter die Figur zurück, die dann, nur drei Zeilen später, ganz allein präsent ist, nämlich in dem folgenden Monolog, den man als solchen sofort am Präsens erkennt: „Jetzt wird schon geheizt, gegen halb 5 beginnt es zu dämmern, Frau Baumann kommt im ärmellosen Pullover; guten Morgen, Herr Lingner, Mahlzeit, Herr Lingner, trübe heute, Herr Lingner" (S. 10) – und es spielt gar keine Rolle, ob man die Begrüßungsformeln am Ende dieser Passage als direkte Rede oder als innere Rezeption der Worte Frau Baumanns durch Lingner versteht, denn in jedem Fall bestätigt sich, was oben hervorgehoben wurde, nämlich daß nicht der Erzähler, sondern die Figuren dominieren. Ja über weite Strecken haben wir es geradezu mit einem Erzählen ohne Narrator zu tun, mit Wechselreden, Monologen, kurzen Redeeinsprengseln, gelegentlich auch Montageelementen, die ja ebenfalls erzählerfrei eingebaut werden. Die Direktheit dieser Darstellung fällt auf, die Reduktion der im engeren Sinne epischen Momente läßt sich nicht verkennen, und die Betonung der Figurenperspektiven mit Hilfe dieses Verfahrens steht außer Zweifel.

Dadurch erscheint das, was zur Sprache kommt, seine festen Umrisse zu verlieren, beinahe alles wirkt relativiert. Gewiß: Lingner ist ein erfolgreicher Bankangestellter der mittleren Ebene, neigt aber andererseits zur Pedanterie, zu wenig tauglichen Versuchen der Selbstbehauptung, die nicht frei von Querulantentum sind, wenn er sich etwa immer wieder und detailliert über die Mängel der Schiffsreise ausläßt. Aber vor allem kommt er weder mit sich noch mit der Welt wirklich zurecht. Im Großen wie im Kleinen zählt er zu den Lebensverlierern, die sich über alles und jedes grämen müssen: Über die gescheiterte Ehe, den unzuverlässigen, zu nichts entschlossenen Sohn, den faschistischen Vater, der ausgewandert ist und die Familie im Stich gelassen hat, die Verfolgung durch die Polen, die nicht nur physische Narben, sondern auch ein Trauma hinterläßt, den autoritären Onkel, mit dem er sich über ein Bild streitet, das ersichtlich einer ins KZ abtransportierten jüdischen Familie geraubt, dann Lingners Mutter geschenkt wurde. Über die genannten Reisemängel muß er sich ärgern, über sich selbst, weil er einen unsinnigen Möbelkauf getätigt hat, den er nicht rückgängig machen kann, weil er zudem in München eine Eigentumswohnung besitzt, die er viel teuerer vermieten müßte, was aber das persönlich-intime Verhältnis zur Mieterin verhindert, usw. usf.: „Es gab keine Hilfe", heißt es, „Er war hereingefallen, wieder einmal, er mußte das aushalten wie die anderen Schläge, Schläge immer wieder, ich weiß doch nichts, kann nichts dafür." (S. 72) Was immer ihm an Alltäglichem mißlingt, alles stürzt ihn in tiefe Depressionen: „Er war gescheitert, hatte nicht aufgepaßt, hatte versagt, und es quälte ihn schon, daß Lo davon wußte, daß er seine Niederlage eingestanden hatte." (S. 73)

Diese Lo, 13 Jahre jünger als Lingner, liebt ihn, löst aber bei ihm Unsicherheit aus. Sie weiß durchaus, wie es um ihn steht: „Er möchte nur nichts falsch machen, will nichts versäumen und nichts versehen, und deshalb ist er bedächtig und bedenklich, lieber zu vorsichtig als einmal zu übereilt – man kann ja nie wissen!" (S. 85) Aber ihr ist doch noch mehr bewußt: „Hinter seiner fehlerlos gespielten Rolle spürte sie seine Angst. Er war unsicher: Niemandem vertraute er ganz, auch ihr nicht" (S. 117). Ja, seine Unsicherheit kulminiert sogar in seinem Verhältnis zu ihr. Er weiß nicht, ob er Lo liebt, will sich andauernd überprüfen und dann entscheiden, kommt zu keinem Ergebnis, gerät in sexuelle Schwierigkeiten, flieht vor den Entscheidungszwängen und entgeht ihnen doch nicht. Am Ende des Romans ist niemand auch nur einen Schritt weitergekommen. Lingner hat sich zwar mit seinem Onkel über das Bild geeinigt und verfolgt nun mit ihm zusammen ein Fußballspiel im Fernsehen. Aber alles Wesentliche bleibt weiter ungeklärt:

> Das Stadion rauschte. Paul, nach wie vor. Der geschlagen ist und nicht weiß, immer noch nicht, wie er leben soll mit Narben Schmerzen Alpträumen Dienstvorschriften Erinnerungslücken, die keine Landkarte weiß, der zählt und zählt und Sicherheit sucht, wo es keine Sicherheit gibt. Nach wie vor Paul. WIEDER ANSPIELEN! (S. 145)

Aber ob die Schlußworte des Romans, die der Fußballreportage am Beginn der zweiten Halbzeit entnommen sind, ob also dieses WIEDER ANSPIELEN Anlaß zu neuen Hoffnungen gibt, wie es der Waschzettel des Buches suggeriert, oder Resignation nahelegt, muß offen bleiben. Alles an diesem Roman bleibt am Ende ungeklärt.

Das Fehlen einer klaren Handlungsabfolge, der Verzicht Kay Hoffs auf ein kontinuierliches, kohärentes Erzählen zugunsten diskursiver Elemente multiperspektivischer Art ist seinen Lesern nicht völlig unvertraut. Zumindest in *Drei* begegnen ja vergleichbare, wenn auch keineswegs gleiche Elemente. Aber dabei handelt es sich trotz der persönlichen Handschrift, die dieses poetische Verfahren prägt, doch nicht um eine singuläre Erscheinung in der Romanliteratur der Zeit. Vielmehr begegnen wir hier einer Tendenz, die die europäische Erzählkunst damals schon seit eineinhalb Jahrzehnten auszeichnete. So unterschiedlich die Wege und Mittel auch waren, auf denen und mit denen die Dichter solch neue Ansätze realisierten, so eindeutig bildet die Spitze dieser Bewegung der sogenannte *Nouveau roman* in Frankreich. Gewiß differieren ihrerseits die unter diesem Begriff zusammengefaßten Werke erheblich, aber der neue ästhetische Ansatz, der sich in den Romanen Alain Robbe-Grillets seit den 50er Jahren

(*Le voyeur* 1955, *La Jalousie* 1957) und seit den 60ern auch in denen von Nathalie Sarraute (*Les fruits d'or* 1963) zur Geltung bringt, ist hier doch am deutlichsten zu erkennen und wurde auch theoretisch von seinen Vertretern am überzeugendsten begründet. In der Sammlung *Argumente für einen neuen Roman* (1965) von Robbe-Grillet lesen wir folgende Absage an den „alten" Roman:

> Alle technischen Elemente des Erzählens – systematischer Gebrauch der Erzählvergangenheit und der dritten Person, bedingungslose Annahme des chronologischen Ablaufs, linear verlaufende Handlungen, gleichförmige Kurve der Leidenschaften, Spannung jeder Episode nach dem Ende usw. – zielten darauf ab, das Bild von einer stabilen, kohärenten, kontinuierlichen, eindeutigen, voll und ganz entzifferbaren Welt durchzusetzen. Als die Intelligibilität der Welt nicht in Frage stand, war Erzählen kein Problem.

Zweierlei läßt sich erkennen. Zum einen werden alle Elemente des alltäglichen, des gewöhnlichen, auch des aus überkommenen Erzählungen und Romanen vertrauten Erzählens in Frage gestellt bzw. abgelehnt. Insonderheit die chronologische Darbietung von Handlungen, die auf ein Ziel zulaufen und so Spannung erzeugen, wird nun als fragwürdig und unangemessen disqualifiziert. Zum anderen gibt Robbe-Grillet aber auch einen Grund für diese Abkehr von den traditionellen epischen Verfahrensweisen an: mit ihnen läßt sich die Welt, wie sie heute ist, nicht wiedergeben. Sie ist undurchschaubar geworden, bietet kein zusammenhängendes Sinngefüge, zerfällt in Segmente, die nicht eindeutig zu verstehen sind. „Wir glauben nicht mehr an die vorgefertigten, starren Sinndeutungen", heißt es weiter, „die dem Menschen von der alten göttlichen und in ihrer Folge von der rationalistischen Weltordnung des 19. Jahrhunderts geliefert wurden". Deswegen kehrt sich der „Neue Roman" von den kohärenten Handlungsgefügen und deren chronologischer Wiedergabe mit einer klaren Zielrichtung und einer eindeutigen Sinnvermittlung ab. Natürlich gab es schon früher Hinweise auf diese Veränderungen, weil nach Nietzsche und mit der Heraufkunft der Moderne zu Beginn des 20. Jahrhunderts metaphysisch geschlossene Weltbilder verabschiedet worden waren. Die Romane Robert Walsers aus dem ersten Jahrzehnt des 20. Jahrhunderts präsentieren sich bereits als eine Art von Beschreibungsliteratur, Musils *Der Mann ohne Eigenschaften* setzt ebenso wie Thomas Manns *Der Zauberberg* große Partien diskursiven Zuschnitts an die Stelle von Aktionen, und bereits in Rilkes *Die Aufzeichnungen des Malte Laurids Brigge* von 1909 findet sich der Satz: „Daß man erzählte, wirklich erzählte, das muß vor meiner Zeit gewesen sein." Aber erst der französische *Nouveau roman* löst in Europa eine weitreichende Veränderung der epischen Techniken aus. Schon in den 60er Jahren, also etwa 10 Jahre vor dem Erscheinen von *Wir reisen nach Jerusalem*, waren die Romane von Hermann Lenz, Paul Nizon, Günter Steffens erschienen, auch in Deutschland herrschte mithin die neue Form des Erzählens vor, die dann in den 70er und 80er Jahren durchaus dominierte. Kay Hoffs Roman ist daher bei aller individuellen Zurichtung auch als zeittypisches Beispiel für das neue Erzählen zu verstehen.

Jürgen H. Petersen